Nebo I

Sja se kao vrlo skupocjen kamen,
kao kristalan jaspis
(Otkrivenje 21,11).

Nebo I

Bistro i Prekrasno poput Kristala

Dr. Jaerock Lee

Nebo I: Bistro i Prekrasno poput Kristala Dr. Jaerock Lee
Nakladnik: Urim Books (Predstavnik: Kyungtae Noh)
73, Yeouidaebang-ro 22-gil, Dongjak-gu, Seul, Koreja
www.urimbooks.com

ISBN: 979-11-263-0315-1 04230
ISBN: 979-11-263-0273-4 (set)

Prethodno na korejskom objavio 2002. Urim Books

Prvi put objavljeno u travnju 2017.

Urednik: Dr. Geumsun Vin
Dizajn: Urednički ured
Tisak: Prione Printing
Za više informacija obratite nam se na urimbook@hotmail.com

Predgovor

Ne samo da Bog ljubavi vodi svakog vjernika na put spasenja, nego mu i otkriva tajne neba.

Najmanje jedanput u životu upitamo se: „Kamo idem po završetku života na ovome svijetu?" ili „Postoje li zaista raj i pakao?"

Brojni čak i umru, a da nisu pronašli odgovore na ta pitanja ili, čak i ako vjeruju u zagrobni život, neće svatko prisvojiti nebo jer nema svatko ispravno znanje. Raj i pakao nisu plod mašte, nego stvarnost u duhovnom kraljevstvu.

S jedne strane, nebo je toliko prekrasno mjesto da se ne može usporediti ni s čim na ovome svijetu. Posebno se ljepota i sreća u Novom Jeruzalemu, u kojemu se nalazi Božje prijestolje, ne mogu primjereno opisati jer je on načinjen od najboljih materijala i nebeskim vještinama.

S druge strane, pakao je pun beskonačne, tragične boli i vječne kazne; njegovu strašnu stvarnost opisujem u pojedinosti u knjizi *Pakao.* I nebo i pakao spoznali smo putem Isusa i apostola, a čak nam se i danas oni otkrivaju u pojedinosti putem Božje djece koja iskreno vjeruju u Boga.

Nebo je mjesto u kojemu djeca Božja uživaju u vječnom životu, a za njih su pripravljene nezamislive, prekrasne i čudesne stvari. Dakle, spoznat ćete ga u detalje tek kad to Bog dopusti i pokaže vam.

Neprestance sam molio i postio sedam godina da spoznam nebo i počeo sam primati odgovore od Boga. A sad mi Bog pokazuje još više tajni u duhovnom kraljevstvu, i to u tančine.

Budući da je nebo nevidljivo, vrlo ga je teško opisati jezikom i znanjem ovoga svijeta. A moguća su i njegova pogrešna tumačenja. I upravo zbog toga apostol Pavao nije mogao u tančine pripovijedati o Raju u Trećem nebu koji je vidio u viđenju.

Međutim, Bog me je naučio i brojnim tajnama o nebu, pa sam mjesecima propovijedao o sretnom životu i različitim stanovima i nagradama na nebesima, već prema mjeri vjere svakog pojedinoga. Pa ipak, nisam mogao u tančine propovijedati o svemu što sam naučio.

Razlog zbog kojega mi Bog dopušta da obznanim tajne

duhovnog kraljevstva u ovoj knjizi jest spašavanje što većeg broja duša i odvođenje istih u nebo, koje je bistro i prekrasno poput kristala.

Zahvaljujem i slavim jedino Boga što mi je omogućio da objavim *Nebo I.: Bistro i Prekrasno poput Kristala,* opis mjesta koje je bistro i prekrasno poput kristala, napunjeno slavom Božjom. Nadam se da ćete spoznati veliku ljubav Božju koja vam otkriva tajne nebesa i sve ljude odvodi na put spasenja kako biste ga i vi uspjeli zadobiti. Također se nadam da ćete trčati prema cilju – vječnom životu u Novom Jeruzalemu.

Zahvaljujem Geumsuni Vin, direktorici Uredničkog ureda, i članovima njezina osoblja, ali i Uredu za prevođenje za njihov muktotrpni posao u objavi ove knjige. U Ime Gospodinovo molim da se pomoću ove knjige spasi što više duša i da uživaju u životu vječnomu u Novom Jeruzalemu.

Jaerock Lee

Uvod

U nadi da će svaki od vas spoznati strpljivu Božju ljubav, ostvariti cijeli duh i potrčati u smjeru Novog Jeruzalema.

Zahvaljujem i slavim jedino Boga koji je brojne duše odveo do ispravne spoznaje duhovnog kraljevstva i utrke prema cilju s nadom u nebesa objavom knjige *Pakao* i knjige u dva toma *Nebo*.

Ova se knjiga sastoji od deset poglavlja i omogućuje vam da jasno spoznate život i ljepotu, ali i različite stanove na nebesima i nagrade koje se dodjeljuju već prema mjeri vjere. Upravo je to Bog objavio Velečasnom Dr. Jaerocku Leeju nadahnućem Duha Svetoga.

U 1. poglavlju „Nebo: Bistro i prekrasno poput kristala" opisujemo vječnu sreću neba bacivši pogled na njegovu opću pojavnost, gdje više neće biti potrebe za sjajem ni sunca niti mjeseca.

U 2. poglavlju „Edenski vrt i Čekaonica smrti na nebu"

objašnjavamo lokaciju, pojavnost i život u Edenskom vrtu kako bismo vam pomogli da bolje spoznate nebo. U ovome poglavlju govorimo i o Božjem naumu i providnosti u tomu što je On postavio stablo spoznaje dobra i zla i što duhovno odgaja živa bića. Štoviše, tu govorimo o Čekaonici smrti u kojoj spašeni čekaju Sudnji dan, a govorimo i o životu na tom mjestu te o tomu koja vrsta ljudi smjesta ulazi u Novi Jeruzalem, a da ne mora ondje čekati.

U 3. poglavlju „Sedmogodišnja svadba" objašnjavamo Drugi dolazak Isusa Krista, Sedmogodišnju Veliku nevolju, Povratak Gospodinov na zemlju, Tisućljeće i vječni život nakon toga.

U 4. poglavlju „Tajne neba skrite još od stvaranja" obuhvaćamo tajne nebesa koje se razotkrivaju Isusovim usporedbama i koje vam govore kako prisvojiti nebo, u kojemu ima mnoštvo stanova.

U 5. poglavlju „Kako ćemo živjeti na Nebu?" objašnjavamo visinu, težinu i boju kože duhovnog tijela te kako ćemo živjeti. Pomoću raznih primjera radosnog života na nebu ovo vas poglavlje potiče i da silovito prisvajate nebesa s velikom nadom u njih.

U 6. poglavlju „Raj" objašnjavamo kako je Raj najniža razina neba, no ipak znatno ljepši i sretniji od ovoga svijeta. U njemu također objašnjavamo i koja će vrsta ljudi ući u Raj.

U 7. poglavlju „Prvo Kraljevstvo nebesko" objašnjavamo život i nagrade Prvog Kraljevstva, u kojemu će obitavati oni koji su priznali Isusa Krista i nastojali živjeti po Božjoj Riječi.

U 8. poglavlju „Drugo Kraljevstvo nebesko" bavimo se životom i nagradama Drugog Kraljevstva, u koje ulaze oni koji nisu u cijelosti ostvarili svetost, ali su vršili svoju dužnost. Tu također stavljamo i naglasak na važnost poslušnosti i vršenje vlastitih dužnosti.

U 9. poglavlju „Treće Kraljevstvo nebesko" objašnjavamo ljepotu i slavu Trećeg Kraljevstva, koje se ne može usporediti s Drugim Kraljevstvom. Treće Kraljevstvo mjesto je samo za one koji su od sebe odbacili sve svoje grijehe – pa čak i grijehe u svojoj naravi – vlastitim nastojanjima te uz pomoć Duha Svetoga. U njemu objašnjavamo ljubav Boga koji pripušta provjere i kušnje.

Naposljetku, 10. poglavlje „Novi Jeruzalem" donosi uvod u Novi Jeruzalem, najljepše i najslavnije mjesto na nebesima, u kojemu se nalazi Božje prijestolje. Tu opisujemo koja će vrsta ljudi ući u Novi Jeruzalem. Ovo poglavlje završava buđenjem nade u čitatelju na temelju primjera dvojice koji će ući u Novi Jeruzalem.

Bog je pripravio nebo bistro i prekrasno poput kristala za svoju ljubljenu djecu. On želi da se spasi što je moguće više ljudi i iščekuje da vidi ulazak svoje djece u Novi Jeruzalem.

U Ime Gospodinovo nadam se da će svi čitatelji knjige *Nebo I.: Bistro i Prekrasno poput Kristala* spoznati veliku ljubav Božju, ostvariti cijeli duh s Isusovim srcem i žustro potrčati u smjeru Novog Jeruzalema.

Geumsun Vin
Direktorica Uredništva

 Sadržaj

Prvo poglavlje

Nebo: Bistro i prekrasno poput kristala

1. Novo nebo i nova zemlja
2. Rijeka, voda života
3. Božje i Jaganjčevo prijestolje

I anđeo mi pokaza rijeku, vodu života,
bistru kao kristal.
Ona izbija iz Božjeg i Jaganjčeva prijestolja.
Između gradskog trga i rijeke,.
s ove i s one strane, stoje stabla života
koja rađaju dvanaest puta;
svakog mjeseca daju svoj plod.
Lišće stabala služi
za liječenje pogana.
Neće biti više ničega prokleta.
Prijestlje Božje i Jaganjčevo bit će u Gradu.
Sluge Božje klanjat će se Bogu
i gledat će njegovo lice.
A njegovo će ime biti na njihovim čelima.
Neće više biti noći;
i ne treba im ni svjetla svjetiljkina,
ni svjetla sunčeva.
Jer, nad njima će svijetliti Gospodin, Bog,
i oni će kraljevati u svu vječnost.

\- Otkrivenje 22,1-5 -

Mnogi se čude i pitaju: „Kaže se da možemo imati sretan vječni život na nebu – pa kakvo je to mjesto?" Ako slušate svjedočanstva onih koji su bili na nebu, čut ćete da je većina njih prošla kroz dugački tunel. I to zato što se nebo nalazi u duhovnom kraljevstvu, koje se značajno razlikuje od svijeta u kojemu živimo.

Oni koji žive u ovom trodimenzionalnom svijetu ne poznaju nebo u tančine. Taj ćete čudesni svijet, koji je iznad našeg trodimenzionalnog svijeta, spoznati jedino kad vam ga Bog obznani ili kad se otvore vaše duhovne oči. Ako u tančine poznajete to duhovno kraljevstvo, ne samo da će vaša duša biti sretna, nego će i vaša vjera brzo rasti, a vi ćete omiljeti Bogu. Tako vam je Isus otkrio tajne neba u brojnim usporedbama, a apostol Ivan u tančine pripovijeda o nebu u Otkrivenju.

Pa kakvo je, onda, mjesto nebo i kako ćemo živjeti ondje? Dobit ćete kratki uvid u nebo, bistro i prekrasno poput kristala, koje je Bog pripravio kako bi svoju ljubav dijelio vječno sa svojom djecom.

1. Novo nebo i nova zemlja

Prvo nebo i prva zemlja koje je Bog stvorio bili su bistri i prekrasni poput kristala, ali oni bijahu prokleti zbog neposlušnosti prvog čovjeka Adama. Isto tako, brza i sveopća industralizacija i razvitak znanosti i tehnologije zagadili su ovu zemlju, pa se danas sve više ljudi bori za zaštitu prirode.

Stoga, kad dođe vrijeme za to, Bog će nastranu odbaciti prvo nebo i prvu zemlju i otkriti nam novo nebo i novu zemlju. Čak iako je ova zemlja zagađena i trula, ona je ipak još uvijek neophodna za odgajanje prave Božje djece koja će ući u nebo.

Na početku Bog stvori zemlju, a potom i čovjeka, i odvede ga u Edenski vrt. Dade mu maksimalnu slobodu i obilje dopuštajući mu sve, osim da jede sa stabla spoznaje dobra i zla. Međutim, čovjek je prekršio tu jedinu stvar koju je Bog zabranio te je, kao posljedica toga, izgnan na ovu zemlju, u prvo nebo i prvu zemlju.

Budući da je Svemogući Bog znao da će ljudska vrsta krenuti putom smrti, pripravio je Isusa Krista još i prije početka vremena i poslao Ga u odgovarajuće vrijeme na ovu zemlju.

Dakle, svi koji priznaju Isusa Krista koji je razapet i uskrsnuo preobrazit će se u novo stvaranje i krenuti putom novog neba i nove zemlje te će uživati život vječni.

Plavi nebeski svod Novog neba bistar poput kristala

Nebeski svod novog neba koje nam je Bog pripravio napunjen je čistim zrakom kako bi on postao bistar, čist i proziran, za razliku od zraka na ovome svijetu. Zamislite bistar i visok nebeski svod sa čistim bijelim oblacima. Kako bi to bilo prekrasno i čudesno!

A zašto će, onda, Bog novi nebeski svod učiniti plavim? Duhovno gledano, plava boja omogućuje vam da osjetite dubinu, visinu i čistoću. Voda je onoliko čista koliko se čini plavom. A dok promatrate plavi nebeski svod, osjećate kako vam se srce osvježava. Bog je učinio da se nebeski svod ovog svijeta čini plavim jer vam je dao čisto srce i srce koje tražiti Stvoritelja. Ako možete, dok gledate u taj plavi, bistri nebeski svod, ispovijedati ustima: „Mora biti da je moj Stvoritelj tamo gore. On je sve učinio prekrasnim!" vaše će se srce pročistiti i dobit ćete poticaj da vodite dobar život.

A što kad bi cijeli nebeski svod bio žute boje? Umjesto da se osjećaju ugodno, ljudi bi se osjećali nelagodno i zbunjeno, a neki bi možda čak bolovali od duševnih bolesti. Tako se i ljudski um može osvježiti ili zbuniti ovisno o različitm bojama. Baš je zato Bog načinio nebeski svod novog neba plavim i na njega stavio čiste bijele oblake kako bi Njegova djeca mogla živjeti sretno sa srcem bistrim i prekrasnim poput kristala.

Nova zemlja novog neba načinjena od čistog zlata i dragog kamenja

Pa kakva će, onda, biti ta nova zemlja na nebu? Na novoj zemlji na nebu, koju je Bog stvorio čistom i bistrom poput kristala, nema ni zemlje ni prašine. Nova se zemlja sastoji samo od čistog zlata i dragog kamenja. Koliko bi samo fascinantno bilo biti na nebu, gdje su sjajni putovi načinjeni od čistog zlata i dragog kamenja!

Ova se zemlja sastoji od prašine koja se mijenja tijekom vremena. Ta vam mijena daje da spoznate besmisao i smrt. Bog je dopustio da sve bilje raste, da nosi plodove i da na koncu nestaje u zemaljskoj prašini kako biste vi spoznali da život na ovoj zemlji ima svoj kraj.

Nebo je načinjeno od čistog zlata i dragog kamenja koji se ne mijenjaju jer je nebo istinski i vječni svijet. I baš kao što bilje raste na ovoj zemlji, tako će ono rasti i na nebu kad se zasadi.

Međutim, ono nikad ne umire i ne nestaje, za razliku od bilja na ovoj zemlji.

Štoviše, čak su i bregovi i zamci načinjeni od čistog zlata i dragog kamenja. Koliko su samo oni sjajni i prekrasni! Trebali biste imati pravu vjeru kako vam ne bi promakla ta ljepota i sreća neba koja se ne može na primjeren način izraziti riječima.

Nestanak prvog neba i prve zemlje

Što će se dogoditi s prvim nebom i prvom zemljom kad se pojave to prekrasno novo nebo i nova zemlja?

> *Zatim vidjeh veliko bijelo prijestolje i Onoga koji je sjedio na njemu. Ispred njega nestade zemlje i neba. Ni mjesta im ne bî* (Otkrivenje 20,11).

> *Zatim vidjeh novo nebo i novu zemlju. Jer, prvo nebo i prva zemlja nestadoše. Ni mora više nema* (Otkrivenje 21,1).

Kad se ljudima odgojenima na ovoj zemlji bude sudilo prema dobru i zlu, nestat će prvog neba i prve zemlje. To ne znači da će oni u potpunosti nestati, nego da će se, umjesto toga, preseliti na neko drugo mjesto.

Pa zašto će, onda, Bog preseliti prvo nebo i prvu zemlju umjesto da ih se u potpunosti riješi? Zato što bi Njegovoj djeci koja žive na nebu nedostajali prvo nebo i prva zemlja kad bi ih On u potpunosti uklonio. Čak iako su trpjeli patnje i boli na prvom nebu i prvoj zemlji, ponekad će im oni nedostajati jer su oni nekoć bili njihov dom. Dakle, s tom spoznajom na umu, Bog ljubavi preselit će ih na neki drugi kraj svemira, a neće ih se u potpunosti riješiti.

Svemir u kojemu živite beskrajni je svijet, a toliko je mnoštvo drugih svemira. Tako će Bog preseliti prvo nebo i prvu zemlju u neki drugi kraj svemira i dopustit će svojoj djeci da ih posjećuju po potrebi.

Nema suza, tuge, smrti ni bolesti

Na novom nebu i novoj zemlji, gdje će živjeti djeca Božja spašena po vjeri, nema prokletstva i oni su puni sreće. U Otkrivenju 21,3-4 vidimo da na nebu nema suza, tuge, smrti, žalosti ni bolesti zato što je ondje Bog.

> *Tada čuh jak glas što dolazi od prijestolja kako viče: „Evo stana Božjeg među ljudima! Bog će stanovati s njima: oni će biti njegov narod, i on će biti Bog s njima. I otrt će svaku suzu s očiju njihovih. Smrti više neće biti; ni žalosti, ni jauka, ni muke neće više biti. Jer, prijašnje nestade."*

Koliko bi tužno samo bilo kad biste vi umirali od gladi i kad bi čak i vaša djeca plakala za hranom jer su gladna? Kakva korist od toga da netko dođe i kaže: „Gladni ste toliko da suze lijete" i da vam obriše suze, ali vam ne dadne ništa za jelo? Koja bi, onda, bila prava pomoć u tom slučaju? On bi vam trebao dati nešto za jelo kako vi i vaša djeca ne biste umrli od gladi. Tek će se tada zaustaviti suze vaše i vaše djece.

Slično tomu, reći da će Bog otrti svaku suzu s očiju vaših znači da, ako budete spašeni i odete na nebo, neće više biti nikakvih briga ni zabrinutosti jer ondje nema suza, tuge, smrti, žalosti ni bolesti.

S jedne strane, bez obzira vjerujete li u Boga ili ne, na ovoj ćete zemlji morati živjeti s nekom vrstom tuge. Ovozemaljski ljudi mnogo će žalovati čak i ako pretrpe pa i najmanji gubitak. S druge strane, oni koji vjeruju žalovat će s ljubavlju i samilošću prema onima koje tek treba spasiti.

Međutim, kad uziđete na nebo, nećete morati brinuti o smrti ili grijesima drugih i njihovim padom u vječnu smrt. Nećete morati patiti zbog grijeha, pa onda ondje ni ne može biti bilo kakve tuge.

Na ovoj zemlji, kad ste tužni, gunđate. Međutim, na nebu nema potrebe za gunđanjem jer ondje neće biti nikavih bolesti ni briga. Bit će samo vječna sreća.

2. Rijeka, voda života

Na nebu rijeka, voda života, bistra poput kristala, izbija posred gradskog trga. U Otkrivenju 22,1-2 nalazimo objašnjenje rijeke, vode života, i sretni ste ako to uopće možete zamisliti.

> *I anđeo mi pokaza rijeku, vodu života, bistru kao kristal. Ona izbija iz Božjeg i Jaganjčeva prijestolja. Između gradskog trga i rijeke, s ove i s one strane, stoje stabla života koja rađaju dvanaest puta; svakog mjeseca daju svoj plod. Lišće stabala služi za liječenje*

pogana.

Jednom sam prilikom plivao u vrlo bistrom Tihom oceanu, a voda je bila toliko bistra da sam u njoj uspio vidjeti i biljke i životinje. Bila je toliko prekrasna ta voda da sam bio presretan što se u njoj kupam. Čak i na ovom svijetu možete osjetiti osvježenje i čišćenje svojeg srca kada pogledate bistru vodu. A koliko ćete sretniji biti na nebu, gdje rijeka, voda života, bistra kao kristal, izbija posred gradskog trga!

Rijeka, voda života

Čak i na ovom svijetu, ako pogledate bistro more, njegova površina reflektira sunčevu svjetlost i prekrasno sja. Rijeka, voda života, na nebu izdaleka se čini da je plave boje, ali ako je pogledate izbliza, ona je toliko bistra, prekrasna, besprijekorna i čista da je možete nazvati „bistrom kao kristal."

A zašto, onda, rijeka, voda života, izbija iz prijestolja Božjeg i Jaganjčeva? Duhovno gledano, voda se odnosi na Riječ Božju, koja je istinska hrana životna, a putem Riječi Božje zadobivate život vječni. U Evanđelju po Ivanu 4,14 Isus govori: „*A tko pije vode koju ću mu ja dati, doista neće nikad ožednjeti. Štoviše, voda koju ću mu dati postat će u njemu izvor vode što izbija u život vječni.*" Riječ Božja je rijeka, voda života vječnoga, koja vam daje život, i upravo zbog toga rijeka, voda života, izbija iz prijestolja Božeg i Jaganjčeva.

A kakvog je, onda, okusa ta voda života? To je nešto toliko slatko da to ne možete doživjeti na ovome svijetu, a kad budete okusili od nje, osjećat ćete se puni energije. Bog je vodu života dao svim ljudima, ali nakon Adamova pada sva je voda na ovoj zemlji bila prokleta zajedno sa svim drugim stvarima. Otada ljudi nisu uspjeli kušati vodu života na ovoj zemlji. Uspjet ćete kušati od nje tek nakon što uziđete na nebo. Ljudi na ovoj zemlji piju zagađenu vodu i umjesto vode traže umjetne napitke, kao što su sokovi. Slično tomu, voda na ovoj zemlji nikada ne može dati život vječni, ali voda života na nebu, Riječ Božja, daje život vječni. Ona je slađa od meda i kapljica meda u saću, a usto snaži i vaš duh.

Rijeka teče po cijelome nebu

Rijeka, voda života, koja izbija iz prijestolja Božjeg i Jaganjčeva nalik je krvi koja vas održava živima kruženjem po vašem tijelu. Ona teče po cijelome nebu, a izvire posred gradskog trga te se vraća natrag u prijestolje Božje. Pa zašto, onda, ta rijeka, voda života, teče po cijelom nebu te se ulijeva posred gradskog trga?

Kao prvo, ta rijeka, voda života, najlakši je put do prijestolja Božjeg. Dakle, da biste otišli u Novi Jeruzalem, gdje se nalazi prijestolje Božje, samo slijedite gradski trg načinjen od čistog zlata koji se proteže s obje strane rijeke.

Kao drugo, put na nebo je u Riječi Božjoj, a u nebo možete dospjeti jedino ako slijedite put Riječi Božje. Kao što Isus govori u Evanđelju po Ivanu 14,6: *„Ja sam Put, i Istina, i Život – odgovori mu Isus. – Nitko ne dolazi k Ocu osim po meni."* put na nebo je u Božjoj riječi istine. Kada postupate u skladu s Riječju Božjom, možete uzići na nebo, gdje teče Riječ Božja – rijeka, voda života.

Slično tomu, Bog je stvorio nebo tako da sâmim slijeđenjem rijeke, vode života, možete dospjeti u Novi Jeruzalem u kojemu je prijestolje Božje.

Zlatni i srebrni pijesak na obalama rijeke

A što će se nalaziti na obalama rijeke, vode života? Prvo ćete primijetiti zlatni i srebrni pijesak koji se prostire nadugo i naširoko. Zrnca pijeska na nebu su okrugla i toliko mekana da se ne lijepe na odjeću.

Ondje također ima i mnoštvo udobnih klupa ukrašenih zlatom i dragim kamenjem. Dok sjedite na klupi sa svojim najmilijim prijateljima i vodite prosvijetljene razgovore, posluživat će vas lijepi anđeli.

Na ovoj se zemlji divite anđelima, ali na nebu će anđeli vas zvati svojim „gospodarom" i služit će vam po volji. Poželite li neku voćku, anđeo će vam donijeti voće u košari ukrašenoj dragim kamenjem ili cvijećem i smjesta će vam pružiti košaru.

Nadalje, s obje strane rijeke, vode života, mnoštvo je prekrasnog cvijeća raznih boja, ptica, kukaca i životinja. I oni vam služe kao svojem gospodaru, a s njima možete podijeliti svoju ljubav. Kako je prekrasno i čudesno to nebo s takvom rijekom, vodom života!

Stabla života s obje strane rijeke

U Otkrivenju 22,1-2 u tančine su opisana stabla života s obje strane rijeke, vode života.

I anđeo mi pokaza rijeku, vodu života, bistru kao kristal. Ona izbija iz Božjeg i Jaganjčeva prijestolja.

Između gradskog trga i rijeke, s ove i s one strane, stoje stabla života koja rađaju dvanaest puta; svakog mjeseca daju svoj plod. Lišće stabala služi za liječenje pogana.

Pa zašto je, onda, Bog postavio stabla života koja rađaju dvanaest puta s obje strane strane rijeke?

Prvenstveno zato što je Bog želio da sva Njegova djeca koja uđu na nebo osjete ljepotu i život neba. On ih je također želio podsjetiti da rađaju darom Duha Svetoga kada djeluju u skladu s Božjom riječi, baš kao što bi se mogli hraniti u znoju lica svoga.

Ovdje morate shvatiti nešto. Rađati plodom dvanaest puta ne znači da jedno stablo rađa plodom dvanaest puta, nego da dvanaest različitih vrsta stabla života rađa jednim istim plodom. U Bibliji vidimo da je dvanaest Jakovljevih sinova oformilo dvanaest plemena Izraelovih, a tih dvanaest plemena zasnovalo je izraelski narod, a diljem svijeta nastali su narodi koji privaćaju kršćanstvo. Čak je i Isus odabrao dvanaest učenika, a oni i njihovi učenici propovijedali su i širili evanđelje među svim narodima.

Dakle, dvanaest plodova stabla života simboliziraju da bilo tko iz bilo kojeg naroda može, ako slijedi put vjere, rađati darovima Duha Svetoga i ući u nebo.

Ako jedete ukusne raznobojne plodove sa stabla života, osvježit ćete se i biti sretniji. Isto tako, čim otrgnete jedan plod, drugi će ga zamijeniti pa vam ih nikada neće nestati. Lišće stabla života je tamnozelene boje i sjajno, a ostat će takvim zauvijek jer ono niti opada niti se jede. To zeleno sjajno lišće znatno je veće od lišća stabala ovoga svijeta, a i raste uredno.

3. Božje i Jaganjčevo prijestolje

U Otkrivenju 22,3-5 opisana je lokacija Božjeg i Jaganjčeva prijestolja usred neba.

Neće biti više ničega prokleta. Prijestolje Božje i Jaganjčevo bit će u Gradu. Sluge Božje klanjat će se Bogu i gledat će njegovo lice. A njegovo će ime biti na njihovim čelima. Neće više biti noći; i ne treba im ni svjetla svjetiljkina, ni svjetla sunčeva. Jer, nad njima će svijetliti Gospodin, Bog, i oni će kraljevati u svu vječnost.

Prijestolje je usred neba

Nebo je vječno mjesto u kojemu Bog kraljuje ljubavlju i pravednošću. U Novom Jeruzalemu, smještenom usred neba, nalazi se prijestolje Božje i Jaganjčevo. Jaganjac se ovdje odnosi na Isusa Krista (Knjiga Izlaska 12,5; Evanđelje po Ivanu 1,29; Prva Petrova poslanica 1,19).

Ne može svatko ući na mjesto u kojemu Bog obično obitava. To se mjesto nalazi u prostoru drukčije dimenzije od Novog Jeruzalema. Božje prijestolje na tom mjestu utoliko je ljepše i blistavije od onoga u Novom Jeruzalemu.

Božje prijestolje u Novom Jeruzalemu je mjesto nad koje i sâm Bog silazi kad Ga Njegova djeca slave i veličaju. U Otkrivenju 4,2-3 objašnjava se kako Bog sjedi na svojem prijestolju.

Odmah me Duh zanese. I evo: u nebu je stajalo

prijestolje, i na prijestolju je sjedio Netko. Onaj koji je sjedio bijaše na pogled kao kamen jaspis i sard. A uokolo prijestolja dûga, na pogled kao smaragd.

Oko prijestolja sjede dvadeset i četiri Starca, obučena u bijele haljine, sa zlatnim vijencima na svojim glavama. Pred prijestoljem sedam Duhova Božjih i nešto kao stakleno more slično kristalu. U sredini uokolo prijestolja četiri živa Bića i mnoštvo nebeskih vojska i anđela.

Nadalje, Božje je prijestolje okupano svjetlom. To je toliko prekrasno, zadivljujuće, veličanstveno, uvaženo i golemo da to ljudski um ne može ni pojmiti. Isto tako, s desne strane Božjeg prijestolja nalazi se prijestolje Jaganjca, Gospodina našega Isusa. Ono se definitivno razlikuje od prijestolja Božjeg, ali Trojstveni Bog, Otac, Sin i Duh Sveti, ima isto srce, iste osobine i istu snagu.

Više pojedinosti o Božjem prijestolju objasnit ćemo u knjizi *Druga Knjiga o Nebu* pod naslovom *„Napunjen Slavom Božjom."*

Nema noći ni dana

Bog kraljuje nad nebom i svemirom svojom ljubavlju i pravdom sa svojega prijestolja, koje blista prekrasnim svjetlom slave. To se prijestolje nalazi usred neba, a pokraj Božjeg prijestolja je prijestolje Jaganjčevo, a i ono blista svjetlom slave. Dakle, u nebu nema potrebe ni za sjajem sunca ni za sjajem mjeseca ni za sjajem bilo kojeg drugog svjetla ili struje. U nebu nema ni noći ni dana.

Usput budi rečeno, Poslanica Hebrejima 12,14 vas potiče da

„Težite za mirom sa svima i za posvećenjem bez kojega nitko neće vidjeti Gospodina." A u Evanđelju po Mateju 5,8 Isus vam obećava: *Blago čistima srcem; jer, oni će Boga gledati!"*

Dakle, oni vjernici koji iz svojega srca istjeraju sve vrste zloga i koji su u potpunosti poslušni Božjoj Riječi mogu Boga gledati. A u onoj mjeri u kojoj budu nalikovali Gospodinu vjernici će biti blagoslovljeni na ovom svijetu, a i na nebu će živjeti bliže Božjem prijestolju.

Koliko će samo ljudi biti sretni ako budu mogli gledati Boga licem u lice, služiti Mu i zauvijek razmjenjivati ljubav s Njim! Međutim, baš kao što ne možete gledati izravno u sunce zbog njegova sjaja, ni oni čija srca nisu nalik srcu Gospodnjemu ne mogu Boga gledati izbliza.

Uživanje prave sreće zauvijek na nebu

Možete uživati u pravoj sreći na nebu u svemu što radite jer je to najbolji dar koji je Bog pripravio u svojoj neizmjernoj ljubavi prema svojoj djeci. Anđeli će služiti djeci Božjoj, kao što stoji u Poslanici Hebrejima 1,14: *„Nisu li oni svi poslužnički duhovi poslani za službu radi onih koji imaju baštiniti spasenje?"* Međutim, kako ljudi imaju različite mjere vjere, razlikovat će se i veličina stanova na nebesima i broj poslužničkih duhova ovisno o tome u kojoj su mjeri ljudi nalik Bogu.

Posluživat će ih kao da su kraljevići ili kraljevne jer će anđeli čitati misli svojih gospodara kojima su dodijeljeni i pripravit će sve što ovi zažele. Štoviše, i životinje i biljke ljubit će djecu Božju i posluživati ih. Životinje na nebu bit će bezuvjetno poslušne djeci Božjoj, a ponekad će pokušavati izvesti simpatične stvari kako bi im udovoljile jer u njima nema zla.

A što je s biljkama na nebu? Svaka biljka ima prekrasan i jedinstven miris, a kad god im djeca Božja pristupe, one mirišu tim mirisom. Cvijeće odiše najboljim mirisom za djecu Božju, a njegov se miris širi čak i do najudaljenijih krajeva. Taj se miris i regenerira čim se ispusti.

Isto tako, i plodovi dvanaest vrsta stabala života imaju različite okuse. Ako pomirišete miris cvijeća ili kušate od ploda sa stabla života, toliko ćete se osvježiti i biti sretni da se to ne može usporediti ni sa čim na ovome svijetu.

Nadalje, za razliku od biljaka na ovoj zemlji, cvijeće na nebu nasmiješit će se čim mu pristupe djeca Božja. Čak će i plesati za svoje gospodare, a ljudi će s njime moći i razgovarati.

Čak i ako netko ubere neki cvijetak, cvijet neće biti ni povrijeđen niti tužan, nego će se obnoviti snagom Božjom. Ubrani cvijetak otopit će se u zraku i nestati. Plod koji ljudi pojedu također će se otopiti u prekrasne miomirise i nestat će disanjem.

Na nebu postoje četiri godišnja doba i ljudi mogu uživati u mijeni godišnjih doba. Ljudi će osjetiti ljubav Božju uživajući u posebnim svojstvima svakog godišnjeg doba: proljeća, ljeta, jeseni i zime. E, sad bi netko mogao upitati: „Hoćemo li i dalje i na nebu patiti od velikih vrućina ljeti i strašne hladnoće zimi?" Međutim, vremenske prilike na nebu stvaraju najsavršenije uvjete za život djece Božje i ona neće trpjeti ni velike vrućine niti strašne hladnoće. Pa iako duhovna tijela ne mogu osjetiti hladnoću ni vrućinu čak ni u hladnim ili vrućim krajevima, ona još uvijek mogu osjetiti prohladan ili topao zrak. Tako da nitko neće patiti od vrućina i hladnoća na nebu.

Ujesen djeca Božja mogu uživati u ljepoti opalog lišća, a zimi gledati bijeli snijeg. Moći će uživati u ljepoti ljepšoj od bilo čega na ovome svijetu. Razlog zbog kojega je Bog stvorio četiri godišnja doba na nebu jest taj da svojoj djeci omogući da spoznaju da je sve što zažele pripravljeno za njih na nebu. To je također i primjer Njegove ljubavi da udovolji svojoj djeci čak i onda kad im nedostaje ova zemlja na kojoj su odgajana dok nisu postala pravom djecom Božjom.

Nebo se nalazi u četverodimenzionalnom svijetu koji se ne može usporediti s ovim svijetom. Puno je Božje ljubavi i snage, a u njemu su bezbrojni događaji i aktivnosti koje mi ne možemo niti zamisliti. Doznat ćete više o vječnom sretnom životu vjernika na nebu u 5. poglavlju.

Samo oni čija su imena zapisana u Jaganječvoj Knjizi života mogu ući u nebo. Kao što je zapisano u Otkrivenju 21,6-8, samo oni koji piju od vode života i tako postanu djeca Božja mogu baštiniti kraljevstvo Božje.

> *Još mi reče: „Svršeno je! Ja sam Alfa i Omega, Početak i Svršetak. Ja ću žednome dati zabadava iz izvora vode života. Pobjednik će baštiniti ovo: bit ću mu Bog, a on će mi biti sin. A kukavicama, nevjernicima, okaljanima, ubojicama, bludnicima, vračarima, idolopoklonicima i svim lašcima dio je u jezeru koje gori ognjem i sumporom. To je druga smrt!"*

Ključna je dužnost čovjekova da se boji Boga i izvršuje sve Njegove zapovijedi (Propovjednik 12,13). Dakle, ako se ne bojite Boga ili prekršite Njegovu Riječ i ako nastavite griješiti čak i nakon što spoznate da griješite, ne možete ući u nebo. Zli, ubojice, preljubnici, vračari i idolopoklonici koji su onkraj zdravog razuma definitivno neće ući u nebo. Oni ignoriraju Boga, služe zlodusima i vjeruju u tuđe bogove slijedeći neprijateljskog Sotonu i đavla.

Isto tako, i oni koji lažu Bogu i koji Ga varaju, i koji govore pogrde protiv Duha Svetoga nikada neće ući u nabo. Kao što objašnjavam u knjizi Pakao, ti će ljudi trpjeti vječnu kaznu u paklu.

Stoga molim u Ime Gospodnje da ne samo prihvatite Isusa Krista i zadobijete prava djeteta Božjega, nego i da uživate vječnu sreću na prekrasnom nebu koje je bistro kao kristal slijeđenjem Riječi Božje.

Drugo poglavlje

Edenski vrt i Čekaonica smrti na nebu

1. Edenski vrt u kojemu je živio Adam
2. Ljudi se kultiviraju na zemlji
3. Čekaonica smrti na nebu
4. Ljudi koji se ne zadržavaju u Čekaonici smrti

I Jahve, Bog,
zasadi vrt na istoku, u Edenu,
i u nj smjesti čovjeka koga je napravio.
Tada Jahve, Bog,
učini te iz zemlje nikoše svakovrsna stabla –
pogledu zamamljiva, a dobra za hranu –
i stablo života, nasred vrta,
i stablo spoznaje dobra i zla.

- Knjiga postanka 2,8-9 -

Adam, prvi čovjek kojega je Bog stvorio, živio je u Edenskom vrtu kao živi duh koji je razgovarao s Bogom. Međutim, nakon duljeg vremena Adam je počinio grijeh neposluha jer je jeo od ploda stabla spoznaje dobra i zla, što je Bog bio zabranio. Kao rezultat toga umro je njegov duh, čovjekov gospodar. Izgnan bijaše iz Edenskog vrta i morao je živjeti na ovoj zemlji. Tad je umro duh Adama i Eve i presječena je komunikacija s Bogom. I dok su živjeli na ovoj prokletoj zemlji, koliko samo mora da im je nedostajao Edenski vrt?

Sveprisutni Bog znao je za Adamov neposluh i prije nego što ga je on počinio i pripravio je Isusa Krista te otvorio put spasenja kad dođe vrijeme. Svi koji budu spašeni po vjeri baštinit će nebo koje se ne može usporediti s Edenskim vrtom.

Nakon što je Isus uskrsnuo i uzašao na nebo, On je pripravio Čekaonicu smrti u kojoj oni koji su spašeni mogu ostati do Sudnjeg dana dok im On ne pripravi stanove na nebesima. Pozabavimo se sad Edenskim vrtom i Čekaonicom smrti na nebu kako bismo što bolje spoznali nebo.

1. Edenski vrt u kojemu je živio Adam

U Knjizi postanka 2,8-9 opisuje se Edenski vrt. To je mjesto u kojemu su živjeli prvi muškarac i prva žena koje je Bog stvorio, Adam i Eva.

I Jahve, Bog, zasadi vrt na istoku, u Edenu, i u nj

smjesti čovjeka koga je napravio. Tada Jahve, Bog, učini te iz zemlje nikoše svakovrsna stabla – pogledu zamamljiva, a dobra za hranu – i stablo života, nasred vrta, i stablo spoznaje dobra i zla.

Edenski vrt bio je mjesto u kojemu je trebao živjeti Adam, živi duh, pa je ono moralo biti stvoreno negdje u duhovnom svijetu. Pa gdje je, onda, danas uistinu Edenski vrt, dom prvog čovjeka Adama?

Lokacija Edenskog vrta

Bog je na mnogim mjestima u Bibliji spomenuo „nebesa" kako biste vi spoznali da u duhovnom kraljevstvu postoje prostori osim nebeskog svoda koji vidite prostim okom. Koristio je riječ „nebesa" kako biste spoznali prostore koji pripadaju duhovnom svijetu.

Evo, Jahvi, Bogu tvome, pripada nebo i nebo nad nebesima, zemlja i sve što je na njoj (Ponovljeni zakon 10,14).

On stvori zemlju snagom svojom, mudrošću svojom uspostavi krug zemaljski i umom svojim razape nebesa (Jeremija 10,12).

Hvalite ga, nebesa nebeska, i vode nad svodom nebeskim! (Psalmi 148,4)

Stoga biste trebali razumjeti da „nebesa" nisu samo nebeski svod vidljiv prostim okom. Ona obuhvaćaju Prvo Kraljevstvo, u kojemu se nalaze sunce, mjesec i zvijezde, a tu su još i Drugo Kraljevstvo i Treće Kraljevstvo koji pripadaju duhovnom svijetu. U Drugoj poslanici Korinćanima 12 apostol Pavao govori o Trećem nebu. U tom Trećem nebu nalazi se cijelo nebo od Raja do Novog Jeruzalema.

Apostol Pavao bio je u Raju, što je mjesto za one čija je vjera najslabija, a ono je ujedno i najudaljenije od Božjeg prijestolja. Ondje je slušao tajne neba. Međutim, kako sâm priznaje, to je „nešto čije kazivanje nije dopušteno ljudima."

A kakav je to duhovni svijet, to Drugo nebo? Ono se razlikuje od Trećeg neba, a njemu pripada i Edenski vrt. Mnogi su mislili da se Edenski vrt nalazi na ovoj zemlji. Brojni su učenjaci i istraživači Biblije nastavili arheološku potragu i proučavanja u Mezopotamiji i oko gornjeg toka rijeka Eufrat i Tigris na Srednjem istoku. Međutim, dosad nisu uspjeli otkriti ništa novo. Razlog zbog kojega ljudi ne mogu naći Edenski vrt na ovoj zemlji je upravo taj što se on nalazi u Drugom nebu koje pripada duhovnom svijetu.

Drugo nebo također je i mjesto za zle duhove koji su izgnani iz Trećeg neba nakon Luciferove pobune. U Knjizi postanka 3,24 stoji: *„Istjera, dakle, čovjeka i nastani ga daleko od vrta edenskog, pa postavi kerubine i plameni mač koji se svjetlucao – da straže nad stazom koja vodi k stablu života."* Bog je to učinio kako bi spriječio da zli dusi zadobiju život vječni time što će ući u Edenski vrt i kušati od ploda stabla života.

Vrata Edenskog vrta

Eh, sad ne biste smjeli misliti kako se Drugo nebo nalazi iznad Prvog neba, a da se Treće nebo nalazi iznad Drugog neba. Ne možete razumjeti prostor u četverodimenzionalnom svijetu i iznad njega razumijevanjem i znanjem iz ovog trodimenzionalnog svijeta. Pa kako su, onda, ustrojena ta brojna nebesa? Čini se da je trodimenzionalni svijet koji vidite odvojen od duhovnog neba, ali se oni ujedno i preklapaju i spajaju. Postoje vrata koja spajaju ovaj trodimenzionalni svijet s duhovnim svijetom.

I premda ih ne možete vidjeti, vratima su povezani i Prvo nebo i Edenski vrt u Drugom nebu. A tu su još i vrata koja vode u Treće nebo. Ta vrata se ne nalaze previsoko, nego uglavnom na visini oblaka koje gledate odozgor iz zrakoplova.

U Bibliji spoznajete da ima vrata koja vode u nebo (Knjiga postanka 7,11; Druga knjiga o kraljevima 2,11; Evanđelje po Luki 9,28-36; Djela apostolska 1,9; 7,56). I tako, kad se otvore vrata koja vode u nebo, moguće je uzaći na različita nebesa u duhovnom svijetu, a spašeni po vjeri mogu uzaći i na Treće nebo.

Isti je slučaj i s Hadom i s paklom. I ta mjesta pripadaju duhovnom svijetu, a tu su još i vrata koja vode i do tih mjesta. Pa tako, kad umru ljudi koji nisu vjerovali, oni će sići u Had, koji pripada paklu, ili će kroz ta vrata ući izravno u pakao.

Supostojanje duhovnih i fizičkih dimenzija

Edenski vrt, koji pripada Drugom nebu, je duhovni svjet, ali se razlikuje od duhovnog svijeta Trećeg neba. Međutim, ne čini samo on sav duhovni svijet jer on može supostojati s fizičkim svijetom.

Drugim riječima, Edenski vrt je sredina između fizičkog svijeta i duhovnog svijeta. Prvi je čovjek Adam bio živi duh, ali je još uvijek imao fizičko tijelo stvoreno od zemaljskog praha. Zato su se Adam i Eva plodili i množili rađajući djecu na isti način kao i mi (Knjiga postanka 3,16).

Čak i nakon što je prvi čovjek Adam kušao od ploda stabla spoznaje dobra i zla i bio izgnan na ovaj svijet, njegova djeca koja su ostala u Edenskom vrtu još i danas žive kao živi duhovi, koji nisu smrtni. Edenski vrt vrlo je mirno mjesto u kojemu nema smrti. Njime upravlja Bog svojom snagom i nadzire ga pravilima i zapovijedima koje se sam stvorio. I premda se noć i dan ne razlikuju, naravno da Adamovi potomci znaju kad je vrijeme za aktivnost, kad za počinak i tako dalje.

Isto tako, Edenski vrt je svojim svojstvima vrlo sličan ovoj zemlji. Napunjen je brojnim biljkama, životinjama i kukcima. On također ima beskonačnu i prekrasnu prirodu. No, ondje nema visokih planina, nego samo niskih brežuljaka. Na tim su brežuljcima zgrade nalik kućama, no u njima se ljudi samo odmaraju, ali ne žive u njima.

Odmorišna destinacija Adamova i njegove djece

Prvi čovjek Adam živio je jako dugo u Edenskom vrtu, plodio se i množio. Budući da su Adam i njegova djeca bili živi duhovi, slobodno su se mogli spuštati na ovu zemlju kroz vrata Drugog neba.

Budući da su Adam i njegova djeca jako dugo posjećivali zemlju kao odmorišnu destinaciju, trebali biste shvatiti da je povijest čovječanstva vrlo dugačka. Neki tu povijest miješaju sa šest tisućljeća dugom poviješću kultivacije ljudi i ne vjeruju Bibliji.

Međutim, ako pomno pogledamo tajanstvene drevne civilizacije, shvatit ćemo da su Adam i njegova djeca običavali silaziti na ovu zemlju. Piramide i Sfinga iz Gize, Egipat, također su otisci stopa Adamovih i njegove djece koji su živjeli u Edenskom vrtu. Takvi su otisci stopa, kakve možemo naći po cijelome svijetu, stvoreni znatno sofisticiranijom i naprednijom znanošću i tehnologijom, nakon čega ne možete čak ni oponašati današnje suvremeno znanstveno znanje.

Tako, primjerice, piramide u sebi nose čudesne matematičke izračune, ali i dobro poznavanje geometrije i astronomije koje se mogu spoznati i razumjeti jedino pomoću naprednih istraživanja. One sadržavaju brojne tajne koje možete otkriti jedino ako poznajete do u tančine konstelacije i ciklus svemira. Neki te misteriozne drevne civilizacije smatraju otiscima stopa svemiraca iz dalekog svemira, ali uz pomoć Biblije možete riješiti sve ono što čak ni znanost ne može razumjeti.

Otisci stopa Edenske civilizacije

Adam je u Edenskom vrtu raspolagao nezamislivim rasponom znanja i vještina. To je bilo rezultat toga što je Bog Adama poučio pravom znanju, a tijekom vremena su se takva znanja i spoznaje nagomilavali i razvijali. Tako da Adamu, koji je znao sve o svemiru i koji je sebi podčinio zemlju, nije bilo teško izgraditi piramide i Sfingu. Budući da je Bog izravno poučavao Adama, prvi je čovjek znao ono što vi još uvijek ne znate niti možete pojmiti uz pomoć suvremene znanosti.

Neke su piramide izgradili Adamove vještine i znanje, ali su druge izgradila njegova djeca, a preostale ljudi s ove zemlje koji su pokušavali oponašati Adamove piramide nakon dugo vremena. Sve se te piramide međusobno razlikuju po jasnim tehnološkim razlikama. A to je stoga što je jedino Adamu Bog dao vlast da sebi podčini sva stvorenja.

Adam je jako dugo živio u Edenskom vrtu, a samo je povremeno silazio na ovu zemlju, ali je izgnan iz Edenskog vrta nakon što je počinio grijeh neposluha. Međutim, Bog još neko vrijeme nije zatvorio vrata koja spajaju zemlju s Edenskim vrtom. Tako su Adamova djeca koja su još uvijek živjela u Edenskom vrtu slobodno silazila na zemlju, a kako su počela dolaziti sve češće, počela su kćeri ljudske uzimati sebi za žene (Knjiga postanka 6,1-4).

Potom je Bog zatvorio vrata na nebeskom svodu koja spajaju zemlju s Edenskim vrtom. Međutim, putovanja nisu u cijelosti prestala, ali je nadzor nad njima bio postrožen kao nikada ranije. Morate shvatiti da su većina misterioznih neriješenih drevnih civilizacija zapravo samo otisci stopa Adamovih i njegove djece, koje su oni ostavljali u vremenu kada su mogli slobodno silaziti na ovu zemlju.

Povijest čovječanstva i dinosaura na zemlji

Zašto su, onda, dinosauri živjeli na zemlji, ali su iznenada izumrli? To je još jedan od vrlo važnih dokaza koji vam govore koliko je, zapravo, stara povijest čovječanstva. To je tajna koja se može riješiti jedino uz pomoć Biblije.

Bog je, zapravo, stavio dinosaure u Edenski vrt. Oni su bili blagi, ali su izgnani na ovu zemlju jer su pali u Sotoninu zamku u vrijeme kada je Adam još uvijek mogao slobodno putovati između zemlje i Edenskog vrta. Eh sad, dinosauri koji su bili prisiljeni živjeti na ovoj zemlji bili su u neprestanoj potrazi za hranom. Za razliku od vremena kad su živjeli u Edenskom vrtu, gdje je svega bilo u izobilju, ova zemlja nije nikako mogla proizvesti dovoljno hrane za te velike dinosaure. Oni su proždirali voće, žitarice i biljke, a tek su potom počeli jesti životinje. Zamalo su uništili okoliš i narušili hranidbeni lanac. Naposljetku je Bog odlučio da više ne može zadržati dinosaure na ovoj zemlji, i iskorijenio ih je ognjem odozgor.

Danas brojni učenjaci argumentiraju kako su dinosauri na ovoj zemlji živjeli jako dugo. Kažu da su dinosauri živjeli više od stošezdeset milijuna godina. Međutim, nijedna njihova tvrdnja ne objašnjava na zadovoljavajući način kako je toliko veliki broj dinosaura iznenada postao i isto tako iznenada izumro. Također, da su ti ogromni dinosauri evoluirali kroz dugo vrijeme, što bi bili jeli da su nastavili živjeti?

Prema teoriji evolucije, prije postanka toliko velikog broja dinosaura moralo je postojati mnoštvo vrsta nižih živih bića, ali još uvijek ne postoji nijedan dokaz za to. Općenito gledano, da bi izumrla neka životinjska vrsta ili porodica, potrebno je da broj tih bića postupno opada s vremenom i da tek onda nestane bez traga. Međutim, dinosauri su izumrli iznenada.

Argument učenjaka jest da je to bio rezultat iznenadne promjene klime, broja virusa, zračenja kao posljedice eksplozije neke druge zvijezde ili sudara velikog meteorita sa zemljom. Međutim, da je takva promjena bila toliko katastrofična da pobije sve dinosaure, izumrle bi bile i sve ostale vrste biljaka i životinja. Pa ipak, ostale vrste biljaka, ptica ili sisavaca žive su još i danas tako da stvarnost ne podržava teoriju evolucije.

Čak i prije nego što su se dinosauri pojavili na ovoj zemlji, Adam i Eva živjeli su u Edenskom vrtu, a povremeno bi silazili na zemlju. Tada morate spoznati da je povijest zemlje jako dugačka. Više pojedinosti možete saznati u knjizi „Predavanja o postanku" koju i propovijedam. A sad bih htio objasniti prekrasnu prirodu Edenskog vrta.

Prekrasna priroda Edenskog vrta

Ležite udobno na boku na livadi punoj drveća i cvijeća i primate svjetlo koje omotava cijelo vaše tijelo, pa gledate u plavi nebeski svod na kojemu lebde čisti bijeli oblaci u raznim oblicima.

Niz padinu jezero se prekrasno presijava, a mimo vas pirka blagi povjetarac sa slatkim mirisom cvijeća. Možete uživati u prosvijetljenim razgovorima s vašima najmilijima i osjećate se sretnima. Katkad legnete na prostrane pašnjake ili na gomilu cvijeća i osjećate slatki miris dok nježno dodirujete cvijeće. Isto tako možete leći i u hlad drveta, koje rađa velikim, ukusnim plodovima, i jesti te plodove koliko god želite.

U jezeru i u moru brojne su vrste raznobojnih riba. Ako poželite, možete otići na obližnju plažu i uživati u osvježavajućim valovima ili bijelom pijesku koji se presijava na sunčevoj svjetlosti. Ili, ako to poželite, možete čak i plivati poput ribe.

Dražesni jeleni, kunići ili vjeverice s prekrasnim, sjajnim očima prilaze vam i maze se. Na velikoj livadi igraju se brojne životinje jedne s drugima u miru.

To je Edenski vrt, u kojemu je punina mira i radosti. Mnogi bi na ovome svjetu vjerojatno poželjeli napustiti svoje prezaposlene živote i barem jedanput doživjeti tu vrstu mira i blaženstva.

Život u izobilju u Edenskom vrtu

U Edenskom vrtu ljudi mogu jesti i uživati koliko god žele, čak i ako ne rade i ne zarađuju. Ondje nema briga, zabrinutosti ni tjeskobe, nego samo hrpa radosti, veselja i mira. Budući da se svime upravlja Božjim pravilima i zapovijedima, ljudi ondje uživaju u životu vječnome iako ne rade i ne zarađuju.

U Edenskom vrtu, u kojemu je okoliš nalik okolišu na ovoj zemlji, također postoje i brojna obilježja s ove zemlje. Međutim, budući da se taj okoliš ne zagađuje ni ne mijenja u odnosu na početak stvaranja, ti ljudi održavaju svoju prirodu čistom i prekrasnom, za razliku od ljudi na ovoj zemlji.

Isto tako, čak iako ljudi u Edenskom vrtu obično ne nose nikakvu odjeću, oni ne osjećaju sram i nisu preljubnici jer nemaju grješnu narav ni zloće u svojim srcima. To je kao da se novorođenče igra golo, potpuno bezbrižno i nesvjesno onoga što bi drugi možda mislili ili govorili.

Okoliš u Edenskom vrtu prikladan je za ljude, čak i ako oni ne nose nikakvu odjeću, pa se ne osjećaju nimalo nelagodno zbog svoje golotinje. Koliko to mora da je dobro jer nema ništa poput kukaca ili trnja koji oštećuju kožu!

Neki ipak nose odjeću. To su vođe određenih skupina. A u Edenskom vrtu postoje i zapovijedi i pravila. Svaka skupina ima svojega vođu i njezini članovi ga slušaju i slijede. Ti vođe nose odjeću za razliku od ostalih ljudi, ali oni nose tu odjeću samo zato da bi pokazali svoj visoki položaj, a ne kako bi se pokrili, zaštitili ili ukrasili.

U Knjizi postanka 3,8 nailazimo na promjenu temperature u Edenskom vrtu: *„Uto čuju korak Jahve, Boga, koji je šetao vrtom za dnevnog povjetarca. I sakriju se – čovjek i njegova žena – pred Jahvom, Bogom, među stabla u vrtu."* Vidimo da u Edenskom vrtu ljudi osjete „blagi povjetarac." Međutim, to ipak ne znači da se moraju znojiti po vrelom danu ili nekontrolirano drhtati na hladnoći, kao što bi to činili na ovoj zemlji.

U Edenskom vrtu uvijek je najugodnija razina temperature, vlažnosti zraka i vjetra tako da promjene vremenskih prilika ne izazivaju nelagodu.

Isto tako, u Edenskom vrtu nema ni dana ni noći. Njega uvijek okružuje svjetlo Boga Oca i uvijek je dan. Ljudi imaju vremena za odmor, a razlikuju vrijeme za aktivnosti i vrijeme za odmor upravo zahvaljujući promjeni temperature.

Međutim, ta promjena temperature ne znači da će se ona drastično povisiti ili sniziti kako bi ljudi iznenada osjetili toplinu ili hladnoću. Ali bit će im ugodno odmarati na blagom povjetarcu.

2. Ljudi se kultiviraju na zemlji

Edenski je vrt toliko širok i dugačak da ne možete ni pojmiti njegovu veličinu. Otprilike je milijardu puta veći od ove zemlje. Prvo nebo, u kojemu ljudi mogu živjeti samo sedamdeset – osamdeset godina, čini se beskrajnim i proteže se od ovog našeg sunčevog sustava do dalekih galaksija. Pa koliko će, onda, od Prvog neba biti veći Edenski vrt, u kojemu se ljudi množe, a da nema smrti?

Istodobno, bez obzira na to koliko je prekrasan, obilat i velik Edenski vrt, nikad se ne može usporediti ni s jednim mjestom na nebu. Čak i Raj, koji predstavlja Čekaonicu smrti na nebu, mnogo je ljepše i sretnije mjesto. Vječni život u Edenskom vrtu značajno se razlikuje od života vječnoga na nebu.

Stoga, preispitivanjem Božjeg nauma i broja koraka Adamovih nakon izgona iz Edenskog vrta i kultivacije na ovoj zemlji vidjet ćete kako se Edenski vrt razlikuje od Čekaonice smrti na nebu.

Stablo spoznaje dobra i zla u Edenskom vrtu

Prvi je čovjek Adam mogao jesti što god je htio, sebi podčiniti sva stvorenja i živjeti vječno u Edenskom vrtu. Ali, ako pročitate Knjigu postanka 2,16-17, Bog čovjeku zapovijeda: „*Sa svakoga stabla u vrtu slobodno jedi, ali sa stabla spoznaje dobra i zla da nisi jeo! U onaj dan u koji s njega okusiš, zacijelo ćeš umrijeti!*" Čak iako je Bog Adamu dao silnu vlast da sebi podčini sva stvorenja i dao mu je slobodnu volju, On mu je strogo zabranio da jede sa stabla spoznaje dobra i zla. U Edenskom vrtu mnoštvo je raznovrsnih, raznobrojnih, prekrasnih i ukusnih plodova koji se ne mogu usporediti s plodovima na ovoj zemlji. Bog je sve plodove stavio pod Adamovo upravljanje pa je on od njih mogao jesti koliko god je htio.

Međutim, iznimka su bili plodovi sa stabla spoznaje dobra i zla. Na temelju toga biste trebali spoznati da Bog, iako je već unaprijed znao da će Adam jesti sa stabla spoznaje dobra i zla, nije samo ostavio Adama da počini taj grijeh. Kao što brojni ljudi to pogrešno shvaćaju, da je Bog namjeravao iskušavati Adama time što je u Edenski vrt postavio stablo spoznaje dobra i zla, znajući da će Adam počiniti taj grijeh, On ne bi Adamu bio dao tako strogu zapovijed. Dakle, vidimo da Bog nije namjerno postavio stablo spoznaje dobra i zla kako bi Adam jeo s njega ili da ga iskuša.

Baš kao što stoji u Jakovljevoj poslanici 1,13: *„Neka nitko, kad je napastovan, ne kaže: 'Bog me napastuje.' Bog, naime, ne može biti napastovan na nedjela i on nikoga ne napastuje."* sâmi Bog nikoga ne iskušava i ne napastuje.

Pa zašto je, onda, Bog postavio stablo spoznaje dobra i zla u Edenski vrt?

Ako možete osjećati radost, zadovoljstvo ili sreću, to je zato što ste doživjeli i njima suprotne osjećaje tuge, boli i uznemirenosti. Isto tako, ako znate da su dobrota, istina i svjetlo dobri, to je zato što ste doživjeli i znate da su zloća, neistina i tama loši.

Ako niste doživjeli tu relativnost, ne možete u svojem srcu osjetiti koliko su dobri ljubav, dobrota i sreća, čak ni ako su vam ti osjećaji poznati u glavi jer ste za njih čuli.

Primjerice, može li osoba koja nije nikada bolovala niti je ikad vidjela nekog bolesnika poznavati bol bolesti? Ta osoba ne zna ni toliko da je relativno dobro biti zdrav. Isto tako, ako osoba nikad nije bila potrebita i nikad nije poznavala nekoga potrebitoga, koliko će ona znati o siromaštvu? Ta osoba neće osjećati da je „dobro" biti bogatim, bez obzira koliko ona bila bogata. Slično tomu, ako netko nije doživio siromaštvo, on ni ne može imati istinski zahvalno srce i um.

Ako netko ne zna vrijednost dobra koje posjeduje, on ne može znati vrijednost sreće u kojoj uživa. Međutim, ako je netko već doživio bol bolesti i patnje siromaštva, on će moći biti zahvalan iz dubine svojega srca za sreću koja nastaje od zdravlja i bogatstva. I zato je Bog postavio stablo spoznaje dobra i zla.

Tako su Adam i Eva, koji su izgnani iz Edenskog vrta, doživjeli tu relativnost i spoznali ljubav i blagoslove koje im je dao Bog. Tek su tad mogli postati pravom djecom Božjom koja poznaju vrijednost istinske sreće i života.

Međutim, Bog nije namjerno odveo Adama na taj put. Adam je sâm odabrao da iskaže neposluh Božjoj zapovijedi, i to svojom slobodnom voljom. U svojoj ljubavi i pravednosti Bog je planirao kultivaciju ljudi.

Božja providnost kultivacije ljudi

Kad su ljudi izgnani iz Edenskog vrta i počeli se kultivirati na ovoj zemlji, morali su doživjeti sve vrste patnji, kao što su suze, tuga, boli, bolesti i smrt. Ali to ih je odvelo do toga da mogu osjetiti stvarnu sreću i uživati život vječni na nebu, i to na veliku njihovu zahvalnost.

Dakle, postajanje pravom djecom Božjom putem te kultivacije ljudi samo je jedan primjer čudesne Božje ljubavi i nauma. Roditelji ne misle da je gubitak vremena odgajati i ponekad kažnjavati svoju djecu ako to njihovu djecu može nagnati na spoznaju i uspjeh. Isto tako, ako djeca vjeruju u slavu koju će primiti u budućnosti, ona će biti strpljiva i nadvladat će sve teške situacije i prepreke.

Slično tomu, ako razmišljate o istinskoj sreći koju ćete uživati na nebu, kultivacija na ovoj zemlji nije nešto teško ili bolno. Umjesto toga, bili biste zahvalni zato što možete živjeti po Riječi Božjoj jer se nadate slavi koju ćete primiti kasnije.

Dakle, tko će Bogu biti miliji – oni koji su istinski zahvalni Bogu nakon što dožive brojne tegobe na ovoj zemlji ili stanovnici Edenskog vrta koji nisu uistinu zahvalni na onomu što posjeduju, čak iako žive u tako prekrasnom i obilatom okružju?

Bog je kultivirao Adama koji je izgnan iz Edenskog vrta, a kultivira i njegove potomke na ovoj zemlji kako bi od njih stvorio svoju pravu djecu. Po završetku kultivacije i nakon što im pripravi stanove na nebesima, Gospodin će ponovno doći. Ako živite na nebu, imat ćete vječnu sreću jer se čak ni najniža razina neba ne može usporediti s ljepotama Edenskog vrta.

I zato biste trebali spoznati Božju providnost kultivacije ljudi i nastojati postati Njegovim pravim djetetom koje djeluje u skladu s Njegovom Riječi.

3. Čekaonica smrti na nebu

Potomstvu Adamovu, koji je iskazao neposluh Bogu, određeno je samo jedanput umrijeti, a potom doći na Veliki sud (Poslanica Hebrejima 9,27). Međutim, duh ljudski je besmrtan pa i oni moraju otići ili u nebo ili u pakao.

Međutim, oni ne odlaze izravno u nebo ili pakao, nego borave u Čekaonici smrti na nebu ili u paklu. Pa kakva je, onda, ta Čekaonica smrti na nebu u kojoj borave djeca Božja?

Na koncu duh napušta tijelo

Kada netko umre, duh mu napušta tijelo. Nakon smrti svi koji to ne znaju bit će jako iznenađeni kada se vide kako leže beživotno. Čak i ako su vjernici, kako će se čudno osjećati odmah nakon što im duh napusti tijelo?

Ako odete u četverodimenzionalni svijet iz ovog trodimenzionalnog svijeta u kojemu sada živite, spoznat ćete koliko se ta dva svijeta razlikuju. Tijelo se osjeća laganim i imat ćete osjećaj kao da letite. Međutim, ne možete imati bezgraničnu slobodu, čak ni nakon što vaš duh napusti tijelo.

I baš kao što tek izlegle ptičice ne mogu odmah letjeti iako su rođene s krilima, još vam je uvijek potrebno neko vrijeme da se prilagodite duhovnom svijetu i naučite osnove.

Dakle, one koji umru s vjerom u Isusa Krista posjećuju dva anđela i oni odlaze u Šeol. Ondje od anđela i proroka uče o životu na nebu.

Kad čitate Bibliju, shvaćate da su dvije vrste grobova. Praoci vjere, kao što su Jakov ili Job, kažu da će, kad umru, sići u Šeol (Knjiga postanka 37,35; Knjiga o Jobu 7,9). Korah i njegovi sljedbenici koji su se protivili Mojsiju, Božjem čovjeku, živi su sišli u Šeol (Knjiga brojeva 16,33).

U Evanđelju po Luki 16 opisan je bogataš i siromah po imenu Lazar koji nakon smrti odlaze u šeol i vidite da njih dvojica nisu u istom „šeolu." Bogataš trpi pakleni oganj, dok Lazar odmara u Abrahamovu naručju.

Slično tomu, postoji šeol za spašene i drugi šeol za one koji nisu spašeni. Korah i njegovi ljudi, ali i bogataš završili su u Hadu, koji se još naziva i „donjim šeolom," a pripada paklu, ali šeol u kojemu je Lazar završio je gornji šeol koji pripada nebu.

Trodnevni boravak u Gornjem šeolu

Za doba Starog zavjeta spašeni su čekali u Gornjem šeolu. Budući da je Abraham, praotac vjere, bio zadužen za Gornji šeol, siromah Lazar leži u Abrahamovu naručju u Evanđelju po Luki 16. Međutim, nakon što je Gospodin uskrsnuo i uzašao na nebo, spašeni više ne idu u Gornji šeol, u Abrahamovo naručje. Oni ostaju u Gornjem šeolu tri dana, a potom odlaze nekamo u Raj. To jest, oni će biti s Gospodinom u Čekaonici smrti na nebu.

Kao što Isus govori u Evanđelju po Ivanu 14,2: „*U kući Oca mojega ima mnogo stanova. Inače, zar bih vam rekao: Idem da vam pripravim mjesto!*" nakon uskrsnuća i uzašaća na nebo, naš je Gospodin otišao pripraviti mjesto za svakog vjernika. Dakle, otkako je Gospodin počeo pripravljati mjesta za djecu Božju, spašeni borave u Čekaonici smrti na nebu, negdje u Raju.

Neki se pitaju kako toliki spašeni od stvaranja mogu živjeti u Raju, ali nema razloga za zabrinutost. Čak i sunčev sustav kojemu pripada ova zemlja tek je točkica u usporedbi s galaksijom. Pa koliko je, onda, velika galaksija? U usporedbi sa cijelim svemirom galaksija je sitna točkica. Pa koliko je, onda, velik svemir?

Štoviše, ovaj svemir samo je jedan od mnogih tako da je nemoguće pojmiti veličinu cijelog svemira. A ako je ovaj fizički svijet toliko velik, koliko će samo veći biti duhovni svijet?

Čekaonica smrti na nebu

Pa kakvo je, onda, mjesto ta Čekaonica smrti na nebu, u kojoj spašeni borave nakon što im se dadnu tri dana za prilagodbu u Gornjem šeolu?

Kad ljudi vide taj prekrasni krajobraz, izuste: „Pa ovo je Raj na zemlji" ili „Ovo je kao Edenski vrt!" Međutim, Edenski se vrt ne može usporediti ni s kakvom ljepotom na ovom svijetu. Ljudi u Edenskom vrtu vode prekrasne živote nalik snu, pune sreće, mira i radosti. Međutim, to se ljudima na ovoj zemlji samo čini dobrim. U trenutku kad odete na nebo, smjesta ćete odbaciti tu misao.

I baš kao što se Edenski vrt ne može usporediti s ovom zemljom, tako se ni nebo ne može usporediti s Edenskim vrtom. Znatna je razlika između sreće u Edenskom vrtu koji pripada Drugom nebu i sreće u Čekaonici smrti u Raju u Trećem nebu. A to je zato što ljudi u Edenskom vrtu nisu uistinu prava djeca Božja čija su srca kultivirana.

Evo jednog primjera kako biste mogli to bolje razumjeti. Prije nego što je izumljena električna energija, narod u Koreji koristio je svjetiljke na kerozin. Te su svjetiljke bile toliko tamne u usporedbi s električnim svjetlom koje danas imamo, ali su bile neprocjenjive kad noću nije bilo svjetla. Međutim, otkako su se ljudi razvili i naučili se koristiti električnom energijom, dobili smo električne svjetiljke. Onima koji su navikli gledati samo svjetiljke na kerozin električne su svjetiljke bile čudesne i oni su ostali zapanjeni intenzitetom njihove svjetlosti.

Ako kažete da je ova zemlja napunjena potpunim mrakom bez imalo svjetla, moglo bi se reći da je Edenski vrt mjesto u kojemu su svjetiljke na kerozin, a da je nebo mjesto s električnim svjetiljkama. I baš kao što se svjetiljka na kerozin potpuno razlikuje od električne svjetiljke iako su obje svjetiljke, tako se i Čekaonica smrti na nebu u potpunosti razlikuje od Edenskog vrta.

Čekaonica smrti na rubu Raja

Čekaonica smrti na nebu nalazi se na rubu Raja. Raj je mjesto za one s najslabijom vjerom, a ujedno je i najudaljenije od Božjeg prijestolja. To je iznimno prostrano mjesto.

Oni koji čekaju na rubu Raja uče duhovno znanje od proroka. Uče o Trojstvenom Bogu, nebu, pravilima duhovnog svijeta itd. Raspon takvog znanja je neograničen tako da učenju nema kraja. Pa ipak, učenje duhovnih pravila nikada nije dosadno ni teško, za razliku od nekog učenja na ovoj zemlji. Što više naučite, to ćete postajati sve začuđeniji i prosvjetljeniji.

Čak i na ovoj zemlji oni čista i ponizna srca mogu razgovarati s Bogom i usvajati duhovno znanje. Neki od njih i vide duhovni svijet jer su im otvorene duhovne oči. Isto tako, neki uspijevaju shvatiti duhovna pravila uz nadahnuće Duha Svetoga. Mogu učiti o vjeri ili pravilima te uslišavanju molitvi tako da čak i u ovom fizičkom svijetu mogu doživjeti snagu Božju koja pripada duhu.

Ako možete učiti duhovna pravila i doživjeti ih čak i u ovom fizičkom svijetu, postajat ćete sve energičniji i sretniji. A koliko biste se, onda, samo osjećali radosnijima i sretnijima kad biste duhovna pravila naučili u tančine u Čekaonici smrti na nebu!

Slušanje vijesti s o ovog svijeta

Kakvi ljude borave u Čekaonici smrti na nebu? Oni dožive istinski mir i iščekuju odlazak u svoj vječni dom na nebu. Ništa im ne nedostaje, uživaju u sreći i veselju. Oni ne traće vrijeme, nego nastavljaju učiti brojne stvari od anđela i proroka.

Oni imenuju i biraju vođe i žive u redu i miru. Zabranjen im je silazak na ovu zemlju tako da su uvijek znatiželjni da čuju što se ovdje događa. Nisu radoznali da čuju ono što se odnosi na ovosvjetovno, nego na pitanja vezana za kraljevstvo Božje, kao što je 'Kako napreduje crkva kojoj sam služio? Koliko je dodijeljenih dužnosti crkva već izvršila? Kako napreduje svjetska misija?'

Pa su veoma zadovoljni kada čuju vijesti o ovome svijetu od anđela koji silaze na ovu zemlju ili od proroka u Novom Jeruzalemu.

Jednom mi je Bog otkrio vijesti o nekim članovima moje crkve koji su tada boravili u Čekaonici smrti na nebu. Oni mole na nekom drugom mjestu i iščekuju vijesti o mojoj crkvi. Posebno su zainteresirani za dužnost povjerenu mojoj crkvi, to jest svjetsku misiju i izgradnju Velikog svetišta. Iznimno su sretni čim čuju dobre vijesti. A kad čuju kako se Bog proslavlja tijekom naših prekooceanskih pokreta, uzbude se i bivaju toliko zadovoljni da organiziraju festival.

Slično tomu, svi u Čekaonici smrti na nebu provode svoje vrijeme sretni i zadovoljni, posebice kada čuju vijesti o ovoj zemlji.

Strogi red u Čekaonici smrti na nebu

Ljudi na različitim razinama vjere, koji će ući u različite nebeske stanove nakon Sudnjeg dana, borave u Čekaonici smrti na nebu, ali se strogo pridržavaju zapovijedi. Ljudi slabije vjere iskazivat će čast onima jače vjere naklonom. O duhovnim odredbama ne odlučuje se prema položaju na ovome svijetu, nego prema stupnju posvećenosti i vjernosti u dužnostima koje nam je Bog povjerio.

Na taj se način ljudi strogo pridržavaju zapovijedi jer nebom kraljuje Bog koji je sâma pravednost. Budući da se o redu odlučuje na temelju intenziteta svjetla, stupnja dobrote i veličine ljubavi svakog vjernika, nitko se ne može potužiti. Na nebu svi poštuju duhovni red jer u umu spašenih nema zla.

Međutim, zadatak tog reda i različitih vrsta slave nije stvaranje prinudne poslušnosti. Ona izvire jedino iz ljubavi i poštovanja iskrenog i istinoljubivog srca. Stoga svi u Čekaonici smrti na nebu iz srca poštuju one koji su ispred njih i pokazuju svoje poštovanje naklonom jer prirođeno osjećaju razliku u produhovljenosti.

4. Ljudi koji se ne zadržavaju u Čekaonici smrti

Svi ljudi, koji će ući u odgovarajuće stanove na nebesima nakon Sudnjeg dana, sada borave na samom rubu Raja, u Čekaonici smrti na nebu. Međutim, i tu ima iznimaka. Oni koji će otići u Novi Jeruzalem, najljepše mjesto na nebu, otići će izravno u Novi Jeruzalem i pomagat će Bogu. Takvi ljudi, koji imaju srce Božje koje je bistro i prekrasno kao kristal, žive u posebnoj Božjoj ljubavi i brizi.

Oni će pomagati Bogu u Novom Jeruzalemu

A gdje su sada naši praoci vjere, posvećeni i vjerni u Božjoj kući, kao što su Ilija, Enok, Abraham, Mojsije i apostol Pavao? Borave li oni na rubu Raja, u Čekaonici smrti na nebu? Ne. Budući da su oni u cijelosti posvećeni i do kraja nalikuju srcu Božjem, oni su već u Novom Jeruzalemu. Međutim, budući da se još uvijek nije zbio Sudnji dan, oni ne mogu prijeći u svoje vječne stanove na nebesima.

Pa gdje, onda, oni borave u Novom Jeruzalemu? U Novom Jeruzalemu, čija je širina, duljina i visina petnaest stotina milja, ima nekoliko duhovnih prostora različitih dimenzija. Tu je prostor za Božje prijestolje, prostori u kojima se grade nebeski stanovi i ostali prostori u kojima naši praoci vjere, koji su već ušli u Novi Jeruzalem, pomažu Gospodinu.

Naši praoci vjere koji već borave u Novom Jeruzalemu čeznu za danom kada će ući u svoje vječne stanove na nebesima, dok pomažu u Božjem djelovanju i pomažu Gospodinu da nam pripravi mjesto. Jako čeznu za ulaskom u svoje vječne stanove na nebesima jer onamo mogu ući tek nakon Kristova Drugog dolaska, Sedmogodišnje svadbe i Tisućljeća na ovoj zemlji.

Apostol Pavao, koji je bio pun nade u nebo, ispovjedio je u Drugoj poslanici Timoteju 4,7-8:

> *Dobar sam boj bio, trku dovršio, vjernost sačuvao. Za budućnost mi je spremljen vijenac pravednosti koji će mi u onaj Dan dati Gospodin, pravedni sudac, i ne samo meni, nego i svima koji čeznutljivo čekaju njegovo pojavljivanje.*

Oni koji biju dobar boj i nadaju se Gospodinovu Drugom dolasku zacijelo gaje nade u stanove i nagrade na nebesima. Ta vrsta vjere i nade može se i povećati ako poznajete duhovno kraljevstvo, i upravo zbog toga ja u tolike tančine opisujem nebo.

Edenski vrt u Drugom nebu ili Čekaonica smrti u Trećem nebu još uvijek su znatno ljepši od ovoga svijeta, ali se čak ni ta mjesta ne mogu usporediti sa slavom i sjajem Novog Jeruzalema, u kojemu je prijestolje Božje.

Stoga molim u ime Gospodinovo ne samo za to da trčite put Novog Jeruzalema s vjerom i nadom koje je imao apostol Pavao, nego i da brojne duše privedete na put spasenja naviještanjem evanđelja, čak i ako za to morate dati svoj život.

Treće poglavlje

Sedmogodišnja svadba

1. Drugi dolazak Gospodinov i Sedmogodišnja svadba
2. Tisućljeće
3. Nebo dodijeljeno nakon Sudnjeg dana

Blažen i svet
tko je dionik toga prvog uskrsnuća!
Nad njima druga smrt nema vlasti,
nego će biti svećenici Boga i Krista
i s njime kraljevati tisuću godina.

\- Otkrivenje 20,6 -

Prije nego što primite nagradu i započenete vječni život na nebu, morate proći Sud Bijelog prijestolja. Prije samog Sudnjeg dana zbit će se Drugi dolazak Gospodinov u zraku, Sedmogodišnja svadba, Povratak Gospodinov na zemlju i Tisućljeće.

Sve je to Bog pripravio da utješi svoju ljubljenu djecu koji su očuvali vjeru na ovoj zemlji i da im dopusti da kušaju nebo.

Stoga, svi oni koji vjeruju u Drugi dolazak Gospodinov i koji se nadaju da će upoznati Njega, koji je naš zaručnik, radovat će se Sedmogodišnjoj svadbi i Tisućljeću. Božja Riječ zapisana u Bibliji je istinita, a danas se ostvaruju proročanstva svih proroka.

Trebali biste biti mudar vjernik i dati sve od sebe da se pripremite kao Njegova zaručnica, shvaćajući da ako ne bdijete i ako ne živite po Riječi Božjoj, dan Gospodnji privući će vam se poput lopova i past ćete u smrt.

Hajde da se u tančine pozabavimo čudesnim stvarima koje će djeca Božja doživjeti prije nego što odu na nebo, bistro i prekrasno kao kristal.

1. Drugi dolazak Gospodinov i Sedmogodišnja svadba

U Poslanici Rimljanima 10,9 apostol Pavao piše ovako: *„Ako, naime, ustima svojim priznaš: 'Isus je Gospodin,' a u srcu svojemu povjeruješ: 'Bog ga je uskrisio od mrtvih,' bit ćeš spašen."* Za zadobivanje spasenja ne samo da morate ustima priznati da je Isus vaš Spasitelj, nego morate i u srcu povjerovati da je On umro i uskrsnuo od mrtvih.

Ako ne vjerujete u Isusovo uskrsnuće, ne možete vjerovati ni u vlastito uskrsnuće kad se zbije Drugi dolazak Gospodinov. Nećete moći vjerovati čak ni u sâmi Povratak Gospodinov. Ako ne možete vjerovati u postojanje neba i pakla, nećete zadobiti snagu za život po Božjoj Riječi, a nećete zadobiti ni spasenje.

Konačni cilj kršćanskog života

U Prvoj poslanici Korinćanima 15,19 stoji: „*Ako smo se u ovome životu samo uzdali u Krista, najbjedniji smo od svih ljudi.*" Za razliku od nevjernika u ovome svijetu, djeca Božja idu u crkvu, dolaze na misna slavlja i služe Gospodinu svake nedjelje na različite načine. Da bi živjela po Riječi Božjoj, ona često poste i usrdno se mole u svetištu Božjem rano ujutro ili kasno navečer iako bi im ponekad bio potreban i odmor.

Isto tako, ne traže vlastitu korist, nego služe drugima i žrtvuju se za kraljevstvo Božje. I upravo zato, da nema neba, vjernici bi bili najbjedniji od svih ljudi. Međutim, potpuno je izvjesno da će Gospodin opet doći kako bi vas uzeo na nebo, a On za vas pripravlja prekrasno mjesto. Nagradit će vas prema onome kako ste sijali i činili na ovome svijetu.

U Evanđelju po Mateju 16,27 Isus govori: „*Sin Čovječji, naime, sigurno će doći u slavi Oca svojega, u pratnji anđela svojih i tada će platiti svakome prema djelu njegovu.*" Ovdje „platiti svakome prema djelu njegovu" ne znači jednostavno odlazak u nebo ili u pakao. Čak i među vjernicima koji odlaze u nebo razlikuju se nagrada i slava koje im se dodjeljuju ovisno o tome kako su živjeli na ovome svijetu.

Neki se žale i boje kad čuju o skorom Drugom dolasku Gospodinovu. Međutim, ako istinski ljubite Gospodina i nadate se nebu, sasvim je prirodno da ćete čeznuti za Gospodinom i iščekivati Gospodinov brzi dolazak. Ako svojim ustima priznate: „Ljubim Te, Gospodine," ali nevoljko, pa čak i tjeskobno, primate vijesti o Gospodinovu brzom dolasku, ne može se reći da uistinu ljubite Gospodina.

Stoga biste s radošću trebali primiti Gospodina, svojeg zaručnika, veseleći se u svojem srcu Njegovu Drugom dolasku i pripravljajući se kao zaručnicu.

Drugi dolazak Gospodinov u zraku

U Prvoj poslanici Solunjanima 4,16-17 piše: „*Jer, sâm će Gospodin – kad iziđe zapovijed, arkanđeo zovne i trublja Božja odjekne – sići s neba. I najprije će uskrsnuti mrtvi u Kristu. Zatim ćemo mi, živi, preostali, biti zajedno s njima poneseni u zrak na oblacima u susret Gospodinu. I tako ćemo zauvijek biti s Gospodinom.*"

Kad Gospodin drugi puta dođe u zraku, svako će se dijete Božje preobraziti u duhovno tijelo i bit će poneseno u zrak u susret Gospodinu. Ima onih koji su bili spašeni i umrli. Njihova se tijela spaljuju, ali njihov duh čeka u Raju. Takve nazivamo „mrtvi u Gospodinu." Njihov će se duh pridružiti njihovim duhovnim tijelima, preobraženima iz starih, zakopanih tjelesa. Njih će slijediti oni koji će primiti Gospodina, a da neće doživjeti smrt, preobrazbu u duhovna tijela i bit će poneseni u zrak.

Bog pripravlja Svadbu u zraku

Kad nam Gospodin dođe drugi put u zraku, svi koji su od postanka bili spašeni primit će Gospodina kao zaručnika. U to će vrijeme Gospodin otvoriti Sedmogodišnju svadbu da utješi svoju djecu spašenu po vjeri. Oni će zacijelo primiti nagrade na nebu za svoja djela kasnije, ali zasad Bog i dalje pripravlja tu svadbu u zraku da utješi svu svoju djecu.

Primjerice, ako se general vrati nakon velike pobjede, što će kralj učiniti? On će generalu dati raznovrsne nagrade za njegovu istaknutu službu. Moguće je da će mu kralj dati kuću, posjed, novčanu nagradu kako bi naknadio njegove usluge.

Isto tako, Bog svojoj djeci daje stan na nebesima i nagrade na nebu nakon Sudnjeg dana, ali prije toga Bog pripravlja i Svadbu kako bi se Njegova djeca zabavila i podijelila svoju radost. I premda se ljudi razlikuju po tome što su učinili za kraljevstvo Božje na ovome svijetu, On ipak pripravlja Svadbu radi same činjenice da su bili spašeni.

Pa gdje je, onda, „zrak" u kojemu će se održati Sedmogodišnja svadba? Ovdje se „zrak" ne odnosi na nebeski svod vidljiv prostim okom. Kad bi taj „zrak" bio nebeski svod vidljiv prostim okom, svi spašeni moraju nazočiti Svadbi lebdeći na nebeskom svodu. Isto tako, zacijelo je silno veliki broj ljudi koji su spašeni od postanka, a svi oni ne bi mogli boraviti na nebeskom svodu vidljivom s ove zemlje.

Štoviše, Svadba će biti planirana i pripravljena dobro i u tančine jer će je organizirati sâmi Bog da utješi svoju djecu. Bog je svakomu od nas već odavno pripravio mjesto. To mjesto je „zrak" koji je Bog pripravio za Sedmogodišnju svadbu, a taj se prostor nalazi u Drugom nebu.

„Zrak" pripada Drugom nebu

U Poslanici Efežanima 2,2 govori se o vremenima *„u kojima ste nekoć živjeli u Eonu ovoga svijeta, prema gospodaru zračnog područja, duhu koji je sada na djelu u neposlušnicima."* Dakle, „zračni prostor" također je i mjesto kojim vladaju zli duhovi.

Međutim, mjesto u kojemu će se održati Sedmogodišnja svadba razlikuje se od mjesta u kojemu borave zli duhovi. Razlog zbog kojega se u oba slučaja koristi isti izraz „zrak" je taj što oba ta prostora pripadaju Drugom nebu. Međutim, čak ni Drugo nebo nije jedinstven prostor, nego je podijeljeno na nekoliko područja. Dakle, mjesto na kojem se održava Svadba odvojeno je od mjesta u kojemu borave zli duhovi.

Bog je stvorio novo duhovno kraljevstvo zvano Drugo nebo uzimajući neka područja sveukupnog duhovnog kraljevstva. Potom je tako dobiveni prostor podijelio na dva područja. Jedno od njih je Eden, što je područje svjetla koje pripada Bogu, a drugo je područje tame koje je Bog dao zlim duhovima.

Bog je stvorio Edenski vrt, u kojemu je trebao boraviti Adam dok ne započne kultivacija ljudi, na istoku Edena. Bog je uzeo Adama i stavio ga u vrt. Isto tako, Bog je područje tame dao zlim duhovima i dopustio im da ondje borave. A to područje tame strogo je odvojeno od Edena.

Mjesto za Sedmogodišnju svadbu

Pa gdje će se, onda, održati Sedmogodišnja svadba? Edenski je vrt samo dio Edena, a u Edenu su brojna druga područja. U jednom od tih područja Bog je predvidio mjesto za Sedmogodišnju svadbu.

Mjesto u kojemu će se održati Sedmogodišnja svadba znatno je ljepše od Edenskog vrta. Ondje je prekrasno cvijeće i drveće. Raznobojna svjetla intenzivno sjaju, a cijelo mjesto okružuje neizrecivo lijepa i čista priroda.

Također, to je mjesto toliko prostrano jer će svi oni koji su spašeni od postanka zajedno održati Svadbu. Ondje je i vrlo veliki zamak, dovoljno prostran da može primiti sve pozvane na Svadbu. Svadba će se održati u tom zamku, i tijekom nje bit će nezamislivo sretnih trenutaka. Sad bih vas želio pozvati u taj zamak na Sedmogodišnju svadbu. Nadam se da ćete osjetiti veselje zaručnice Gospodinove, koji je počasni gost na Svadbi.

Susret s Gospodinom na blistavom i prekrasnom mjestu

Kada stignete u salu za vjenčanja, zateći ćete blistavu prostoriju napunjenu sjajnim svjetlima kakva nikad niste vidjeli. Imat ćete osjećaj da vam je tijelo lakše od perja. Kad se nježno spustite na zelenu travu, počet ćete zapažati okolinu koja ispočetka nije vidljiva zbog nevjerojatno sjajnih svjetala. Vidjet ćete nebeski svod i jezero bistro i čisto toliko da vas to može zaslijepiti. To jezero blista kao što se drago kamenje presijava prekrasnim bojama.

Sve četiri strane svijeta pune su cvijeća, a zelene šume okružuju cijelo to područje. Cvijeće se njiše amo-tamo, kao da vam maše, a možete mirisati njegove bogate, prekrasne i slatke mirise kakve nkada prije niste mirisali. Ubrzo pristižu i raznobojne ptice i žele vam dobrodošlicu svojom pjesmom. U jezeru, koje je toliko bistro da vidite sve ispod površine, čudesno prekrasne ribe dižu glavu da vas pozdrave.

Čak je i trava na kojoj stojite mekana kao pamuk. Vjetar, na kojemu vaša odjeća blago podrhtava, nježno vas omata. U tom trenutku u vaše oči upada intenzivno svjetlo, a usred svjetla vidite jednu osobu kako stoji.

Gospodin vas grli i kaže: „Moja zaručnice, ljubim te"

S nježnim smiješkom na licu On vas zove da mu pristupite širom raširenih ruka. Kad uzađete k Njemu, moći ćete jasno vidjeti Njegovo lice. Gledate Ga licem u lice po prvi put, ali jako dobro znate tko je On. On je Gospodin Isus, vaš zaručnik, kojega ljubite i za kojim ste čeznuli sve ovo vrijeme. U tom trenutku suze vam briznu niz obraze. Ne možete prestati lijevati suze jer vas sve podsjeća na vremena kad ste bili kultivirani na ovoj zemlji.

Sad se gledate licem u lice s Gospodinom pomoću kojega ste uspjeli izdržati život na ovome svijetu, čak i u najtežim situacijama kad ste se suočavali s brojnim progonima i kušnjama. Gospodin vam prilazi, grli vas i kaže: „Moja zaručnice, čekao sam ovaj dan. Ljubim te."

Kad to čujete, još ćete više suza liti. Potom vam Gospodin nježno briše suze s lica i čvrsto vas grli. Kad pogledate u Njegove oči, osjećate Njegovo srce. „Znam sve o tebi. Poznate su mi sve tvoje suze i boli. Odsad će postojati samo radost i veselje."

Koliko ste samo dugo čekali taj trenutak? Dok ste u Njegovu naručju, osjećate nevjerojatni mir, a cijelo vam tijelo omataju radost i obilje.

Tad ćete začuti blag, dubok i prekrasan zvuk slavljenja. Potom će vas Gospodin primiti za ruku i odvesti do mjesta s kojega dopire slavljenje.

Sala za vjenčanja puna je raznobojnih svjetiljki

Sljedeći čas ugledat ćete veličanstveni, blistavi zamak, čudesno prelijep. Kad zastanete pred vratima zamka, ona će se polako otvoriti i propustiti intenzivnu svjetlost iz unutrašnjosti zamka. A kad uđete u zamak s Gospodinom, kao da su vas unutra privukla svjetla, ugledat ćete veliku dvoranu koja se doima kao da nema kraja. Dvorana je urešena raznim ukrasima i predmetima, a puna je raznobojnih i sjajnih svjetljiki.

Sada već dobro razaznajete zvuk slavljenja – on se širi po cijeloj dvorani. Naposljetku će Gospodin snažnim glasom najaviti početak Svadbe. Sedmogodišnja svadba počinje, a vi imate osjećaj da se to sve zbiva samo u snu.

Osjećate li veselje tog trenutka? Naravno da ne mogu svi nazočni na svadbi provoditi vrijeme s Gospodinom na ovaj način. Samo oni koji ispunjavaju uvjete mogu Ga slijediti u stopu i samo njih će On zagrliti.

Zato biste se trebali pripraviti kao zaručnica i biti dionikom božanske naravi. Međutim, iako ne mogu svi držati Gospodina za ruku, ipak će svi osjećati isto veselje i puninu.

Uživanje u veselim trenucima pjesmom i plesom

Kada započne Svadba, pjevat ćete i plesati s Gospodinom, slaveći ime Boga Oca. Plesat ćete s Gospodinom, razgovarati o vremenu provedenom na ovoj zemlji ili o nebu na kojemu ćete živjeti vječno.

Također ćete razgovarati i o ljubavi Boga Oca i veličat ćete Ga. Uživat ćete u čudesnim razgovorima s onima s kojima već dulje vrijeme želite biti.

Kako budete kušali plod koji se otapa u vašim ustima i pili Vodu života koja izvire iz prijestolja Boga Oca, svadba se svejedno nastavlja. Međutim, vi ne morate ostati u zamku čitavih sedam godina. S vremena na vrijeme izlazit ćete iz zamka i provoditi vesele trenutke.

Pa koje su, onda, neke od veselih aktivnosti i događaja koji vas čekaju izvan zamka? Možete provoditi vrijeme uživajući u prekrasnoj prirodi, sprijateljujući se sa šumom, drvećem, cvijećem i pticama. Možete šetati sa svojim najmilijima po putovima ukrašenim prekrasnim cvijećem, razgovarati s njima ili veličati Gospodina pjesmom i plesom. Isto tako, mnoštvo je stvari u kojima možete uživati na otvorenom. Primjerice, možete odabrati vožnju čamcem po jezeru sa svojim najmilijima ili sa sâmim Gospodinom. Možete ići na plivanje ili uživati u svakovrsnim igrama i zabavnim aktivnostima. Ta Božje su vam skrb i ljubav pripravili nezamislivu radost i veselje.

Tijekom Sedmogodišnje svadbe nikad se neće ugasiti nijedna svjetiljka. Naravno da je Eden područje svjetlosti i ondje nema noći. U Edenu ne morate ići spavati i počivati kao što to morate činiti tu na ovoj zemlji. Bez obzira na to koliko dugo ćete uživati u svemu tome, nikad se nećete umoriti, a umjesto toga bit ćete sve veseliji i radosniji.

A to je zato što više nećete osjećati protok vremena pa će Sedmogodišnja svadba proći kao sedam dana ili čak samo sedam sati. Čak i ako vaši roditelji, djeca ili braća i sestre još nisu uzašli i trpe Veliku nevolju, vrijeme ipak prolazi jako brzo uz radost i veselje koje ne možete niti zamisliti.

Više zahvaljivati za spasenje

Ljudi iz Edenskog vrta mogu vidjeti uzvanike na Svadbi i obratno, ali oni ne mogu dolaziti i odlaziti. Isto tako, i zli duhovi mogu promatrati uzvanike na Svadbi, a i vi njih možete vidjeti. Naravno da zli duhovi ne mogu niti pomisliti da bi pristupili Svadbi, ali ih ipak možete vidjeti. Kad vide Svadbu i veselje uzvanika, zli duhovi trpe strašne boli. Za njih je nesnosna bol sâma činjenica da ne mogu odvesti još jednu osobu u pakao, nego prepustiti ljude Bogu kao Njegovu djecu.

Slično tomu, kad vidite zle duhove, oni vas samo podsjećaju koliko su vas nastojali uništiti kao ričući lav dok ste se kultivirali na ovoj zemlji.

I tada postajete još zahvalniji na milosti Boga Oca, Gospodina Isusa i Duha Svetoga koji su vas zaštitili od sila tame i odveli na put postajanja djetetom Božjim. Isto tako, postajete još zahvalniji onima koji su pomogli u vašem privođenju na put života.

Tako da Sedmogodišnja svadba nije samo vrijeme odmora i utjehe zbog boli izazvane kultivacijom na ovoj zemlji, nego je to i vrijeme podsjećanja na vrijeme provedeno na ovoj zemlji i vrijeme za još veću zahvalnost na ljubavi Božjoj.

Također ćete razmišljati i o životu vječnomu na nebu koji će biti još radosniji od Sedmogodišnje svadbe. Veselje na nebu ne može se usporediti s veseljem Sedmogodišnje svadbe.

Sedmogodišnja Velika nevolja

I dok se u zraku bude održavala vesela Svadba, na zemlji će se odvijati Sedmogodišnja Velika nevolja. Zbog vrste i opsega Velike nevolje koja se nikada nije zbila niti će se zbiti, veći dio zemlje bit će uništen, a brojni preostali ljudi će umrijeti.

Naravno, neki od njih zadobit će ono što se naziva „sramotno spasenje." Mnogi će ostati na ovoj zemlji nakon Drugog dolaska Gospodinova jer uopće nisu vjerovali ili nisu ispravno vjerovali. Međutim, ako se pokaju tijekom Sedmogodišnje Velike nevolje i postanu mučenici, mogu biti spašeni. To se naziva „sramotno spasenje."

Međutim, nije nimalo lako postati mučenikom tijekom Sedmogodišnje Velike nevolje. Čak i ako odmah na početku odluče da će postati mučenicima, većina njih završit će tako što će zatajiti Gospodina zbog okrutnih mučenja i progona koje šalje antikrist koji ih prisiljava da prime žig „666."

Oni obično žestoko odbijaju primiti taj žig jer, kad ga jednom prime, znaju da će pripadati Sotoni. Pa ipak, nije ni najmanje lako podnositi mučenje popraćeno silnim bolovima.

Katkad, čak i ako netko od njih uspije preživjeti mučenje, bit će mu još teže gledati mučenje svojih najmilijih, članova svoje obitelji. I upravo je zato vrlo teško zadobiti to „sramotno spasenje." Štoviše, budući da tijekom tog vremena ljudi ne mogu primiti nikakvu pomoć od Duha Svetoga, još je teže održati vjeru.

Stoga se nadam da nitko od čitatelja neće doživjeti Sedmogodišnju Veliku nevolju. Razlog zbog kojega govorim ovdje o Sedmogodišnjoj Velikoj nevolji jest obznaniti vam da se upravo događaju, a i dalje će se zbivati svi događaji zapisani u Bibliji posvećeni svršetku vremena, i to se zbivaju s najvećom mogućom preciznošću.

Još jedan razlog je za one koji će ostati na zemlji nakon što djeca Božja budu uznesena u zrak. I dok pravi vjernici odlaze izravno u zrak i sudjeluju na Sedmogodišnjoj svadbi, na zemlji se odvija bijedna Sedmogodišnja Velika nevolja.

Mučenici zadobivaju „sramotno spasenje"

Nakon Gospodinova Drugog dolaska u zraku među onima koji neće biti uzneseni u zrak bit će onih koji će se pokajati zbog svoje neispravne vjere u Isusa Krista.

Ono što ih vodi k „sramotnom spasenju" Riječ je Božja koju naviješta crkva u kojoj se Božja djela moći u najvećoj mjeri očituju na svršetku vremena. Oni saznaju na koji način mogu biti spašeni, koji će se događaji zbiti i kako bi oni sami trebali reagirati na događaje u svijetu čija proročanstva nalazimo u Riječi Božjoj.

Tako da će biti nekih koji će se istinski pokajati pred Bogom i koji će biti spašeni time što će postati mučenicima. To je takozvano „sramotno spasenje." Naravno da su i Izraelci među njima. Oni će spoznati „Poruku križa" i shvatiti da je Isus, kojega nisu prepoznali kao Mesiju, pravi Sin Božji i Spasitelj cijelog čovječanstva. Potom će se pokajati i zadobiti „sramotno spasenje." Okupit će se kako bi zajedno rasli u vjeri, a neki će od njih postati svjesni srca Gospodnjega i postat će mučenicima da bi bili spašeni.

Isto tako, zapisi koji jasno objašnjavaju Riječ Božju ne samo da pomažu u povećanju vjere brojnih vjernika, nego igraju i vrlo važnu ulogu za sve one koji neće biti uzneseni u zrak. Stoga biste trebali spoznati čudesnu ljubav i milost Boga, čija je providnost pripravila sve za one koji će biti spašeni, čak i nakon Drugog dolaska Gospodinova u zraku.

2. Tisućljeće

Zaručnice koje završe Sedmogodišnju svadbu sići će na ovu zemlju i kraljevati zajedno s Gospodinom tisuću godina (Otkrivenje 20,4). Kad Gospodin drugi puta dođe na ovu zemlju, On će je očistiti. Prvo će očistiti zrak i učiniti prirodu prekrasnom.

Posjet nanovo očišćenoj zemlji

I baš kao što tek vjenčani bračni par odlazi na medeni mjesec, i vi ćete krenuti na putovanje s Gospodinom, svojim zaručnikom, za vrijeme Tisućljeća nakon Sedmogodišnje svadbe. Pa što biste, onda, najradije posjetili?

Djeca Božja, Gospodinove zaručnice, željela bi posjetiti ovu našu zemlju jer će je uskoro morati napustiti. Bog će po isteku tog Tisućljeća sve premjestiti na Prvo nebo, primjerice zemlju na kojoj se odvijala kultivacija ljudi, sunce i mjesec.

Stoga, nakon Sedmogodišnje svadbe Bog Otac prekrasno će

urediti zemlju i dat će vam da zajedno s Gospodom kraljujete tisuću godina prije nego što je On premjesti. To je prethodno isplanirani proces u sklopu Božje providnosti – to što je šest dana stvarao nebo i zemlju i sve na njima, a sedmog je dana počivao. Isto tako, ni vama neće biti žao što napuštate zemlju jer će vam Bog dati da zajedno s Gospodinom kraljujete na njoj još tisuću godina. Uživat ćete i zabavljati se dok s Gospodinom tisuću godina budete kraljevali na ovoj prekrasno uređenoj zemlji. A dok budete posjećivali mjesta koja niste stigli posjetiti dok ste živjeli na ovoj zemlji, osjetit ćete veselje i radost kakve nikad ranije niste osjetili.

Tisućljetno kraljevanje

Tijekom tisućljetnog kraljevanja neće biti neprijateljskog Sotone ni đavla. Baš poput života u Edenskom vrtu, u tako ugodnom ozračju vladat će samo mir i spokoj. Isto tako, spašeni će zajedno s Gospodinom ostati na ovoj zemlji, ali oni neće živjeti s tjelesnim ljudima koji su preživjeli Veliku nevolju. Spašeni će zajedno s Gospodinom živjeti na drugom mjestu, nalik kraljevskoj palači ili zamku. Drugim riječima, duhovni će živjeti unutar zamka, a tjelesni izvan zamka jer duhovna i tjelesna tijela ne mogu boraviti jedna pokraj drugih na istom mjestu.

Duhovni ljudi tad će već imati duhovna tijela i život vječni. Tako da će ih na životu održavati čak i puki miris, poput mirisa cvijeća, ali ponekad, kad se nađu s tjelesnim ljudima, mogu i jesti s njima. Međutim, čak i ako jedu, oni ipak ne prazne organizam poput tjelesnih ljudi. Čak i ako jedu fizičku hranu, oni je u zraku tope dahom.

Tjelesni ljudi usredotočit će se na množenje jer Sedmogodišnju Veliku nevolju neće mnogi preživjeti. U tim vremenima neće biti ni bolesti niti zla jer je zrak čist, a ondje neće biti ni neprijateljskog Sotone niti đavla. A kako su neprijateljski Sotona i đavao koji upravljaju zlom svezani za tisuću godina i bačeni u Bezdan, nepravednost i zlo neće imati utjecaja na ljudsku prirodu (Otkrivenje 20,3). Isto tako, budući da nema smrti, zemlja će se ponovno napuniti mnogim ljudima.

A što će, onda, jesti tjelesni ljudi? Dok su Adam i Eva živjeli u Edenskom vrtu, jeli su samo voće i sve bilje što se sjemeni (Knjiga postanka 1,29). Nakon što su Adam i Eva iskazali Bogu neposluh i bili izgnani iz Edenskog vrta, počeli su jesti i hraniti se poljskim raslinjem (Knjiga postanka 3,18). Nakon potopa u doba Noe zlo je naraslo u svijetu, a Bog je čovječanstvu dopustio da jede meso. Vidimo da, kako svijet postaje zločestijim, to zločestijom postaje i hrana koju ljudi jedu.

Tijekom tisućljeća kraljevanja ljudi će jesti poljske usjeve ili plodove voćaka. Neće jesti meso, baš kao što to nisu činili ni ljudi prije velikog potopa u doba Noe, jer tada neće biti ni zla niti ubijanja. Isto tako, budući da će za vrijeme Velike nevolje ratovi već uništiti sve velike civilizacije, ljudi će se vratiti na primitivan način života i množit će se na zemlji koju je Gospodin uredio. Počet će život ispočetka u čistoj prirodi, koja nije zagađena, nego mirna i prekrasna.

Nadalje, čak iako su prije Velike nevolje doživjeli vrlo razvijenu civilizaciju i imali znanje, naša se suvremena civilizacija ne može ponovno ostvariti u roku od stotinu ili dvije stotine godina. No, kako vrijeme bude prolazilo i kako ljudi budu stjecali mudrost, potkraj tisućljeća kraljevanja moći će ostvariti civilizaciju na današnjoj razini.

3. Nebo dodijeljeno nakon Sudnjeg dana

Po isteku tisućljeća kraljevanja Bog će na kratko vrijeme odvezati neprijateljskog Sotonu i đavla koji su bili svezani za tisuću godina i bili bačeni u Bezdan (Otkrivenje 20,1-3). I premda sâm Gospodin kraljuje na ovoj zemlji kako bi tjelesne ljude koji prežive Veliku nevolju i njihove potomke priveo na put vječnog spasenja, njihova vjera nije istinska. Dakle, Bog pušta da ih na kušnje stavljaju neprijateljski Sotona i đavao.

Mnoge će tjelesne ljude zavesti neprijateljski Sotona i đavao i otići će na put uništenja (Otkrivenje 20,8). Tako će Božja djeca ponovno razumjeti zašto je Bog morao stvoriti pakao, ali će spoznati i veliku ljubav Boga koji želi dobiti pravu djecu putem kultivacije ljudi.

Zli duhovi koji će biti odvezani kratko vrijeme ponovno će biti bačeni u Bezdan, pa će se nakon toga zbiti Veliki sud Bijelog prijestolja (Otkrivenje 20,12). Pa kako će se, onda, provoditi Veliki sud Bijelog prijestolja?

Sudom Bijelog prijestolja predsjedava Bog

U srpnju 1982., dok sam molio za osnutak crkve, otkriven mi je u tančine Veliki sud Bijelog prijestolja. Bog mi je otkrio prizor u kojemu Bog svima sudi. Pred Prijestoljem Boga Oca stajali su Gospodin Isus i Mojsije, a oko Prijestolja ljudi su obnašali dužnost porote.

Za razliku od sudaca ovog svijeta, Bog je savršen i ne počinja pogreške. Međutim, Njemu ipak u suđenju pomažu Gospodin Isus, koji služi kao odvjetnik ljubavi, Mojsije kao progonitelj i predstavnik Zakona i ostali ljudi kao članovi porote. U Otkrivenju 20,11-15 precizno je opisan način na koji će Bog suditi.

> *Zatim vidjeh veliko bijelo prijestolje i Onoga koji je sjedio na njemu. Ispred njega nestade zemlje i neba. Ni mjesta im ne bî. I vidjeh mrtvace, velike i male, gdje stoje pred prijestoljem. I otvoriše se knjige. I jedna druga knjiga, knjiga života, bî otvorena. Tada mrtvaci, prema onomu što je stajalo napisano u knjigama, bîše suđeni po svojim djelima. More predade mrtvace koji su bili u njemu; Smrt i Had predadoše mrtvace koji su bili u njima. Oni bîše suđeni – svaki po svojim djelima. Tada Smrt i Had bîše bačeni u ognjeno jezero. To ognjeno jezero, to je druga smrt. I tko god ne bî upisan u knjizi života, bî bačen u ognjeno jezero.*

Ovdje se „veliko bijelo prijestolje" odnosi na Prijestolje Boga, koji je sudac. Bog, koji sjedi na prijestolju toliko sjajnom da se doima „bijelim," donijet će konačni sud s ljubavlju i pravednošću kojima će u pakao poslati pljevu, ali ne i žito.

I upravo zato se to ponekad naziva Velikim sudom Bijelog prijestolja. Bog će sudit će svakome točno prema „knjizi života" u kojoj su zapisana imena spašenih i prema ostalim knjigama u kojima su zapisana djela svakoga od nas.

Nespašeni će pasti u pakao

Ispred Božjeg prijestolja nije samo knjiga života, nego i druge knjige u kojima su zapisana sva djela svake osobe koja nije priznala Gospodina ili nije imala pravu vjeru (Otkrivenje 20,12). Od trenutka kad se rodimo do trenutka kad Gospodin pozove naše duhove u tim se knjigama zapisuje svako naše djelo. Primjerice, činjenje dobrih djela, proklinjanje, udaranje ili ljutnja – sve to zapisuju anđeoske ruke.

I baš kao što se mogu zapisati i tako očuvati određeni razgovori na dulje vrijeme zahvaljujući snimanju video ili audio snimke, tako i anđeli zapisuju i snimaju sve situacije u knjigama na nebu na zapovijed Boga Svemogućega. Dakle, Veliki sud Bijelog prijestolja održat će se precizno, bez ijedne greške. Pa kako će se, onda, provesti suđenje?

Prvo će se suditi nespašenima. Ti ljudi ne smiju izići pred Boga na suđenje jer su grješnici. Njima će se suditi samo u Hadu, Čekaonici smrti ili u paklu. No, iako oni ne izlaze pred Boga, suđenje će se provesti podjednako strogo kao da se odvija ispred sâmoga Boga.

Od grješnika Bog će prvo suditi onima čiji su grijesi teži. Nakon suđenja svima onima koji nisu spašeni svi će oni biti bačeni ili u ognjeno jezero ili u sumporno jezero i tako biti kažnjeni za vijeke vjekova.

Spašeni će primiti plaću na nebu

Nakon što završi suđenje nespašenima na takav način, uslijedit će suđenje i nagrađivanje spašenih. Kao što nam je obećano u Otkrivenju 22,12: „*Evo, dolazim uskoro – i moja plaća sa mnom – da svakome platim kako odgovara njegovu djelu,*" tad će se odrediti nebeski stanovi i nagrade.

Suđenje i nagrađivanje odvijat će se u miru pred Bogom jer su oni namijenjeni djeci Božjoj. Suđenje i nagrađivanje započinje s onima koji imaju najvišu i najveću plaću pa sve do onih s najmanjom plaćom, a potom će djeca Božja otići u dodijeljeni im stan.

> *Neće više biti noći; i ne treba im ni svjetla svjetiljkina, ni svjetla sunčeva. Jer, nad njima će svijetliti Gospodin, Bog, i oni će kraljevati u svu vječnost* (Otkrivenje 22,5).

Unatoč brojnim mukama i poteškoćama na ovome svijetu, to je ipak silno sretno mjesto kad gajite nadu u nebo! Ondje ćete živjeti vječno s Gospodinom, i to samo veselo i radosno jer ondje nema suza, patnji, boli, bolesti ni smrti.

Opisao sam samo mali dio Sedmogodišnje svadbe i Tisućljeća tijekom kojega ćete kraljevati zajedno s Gospodinom. A kad je to doba – puka uvertira životu na nebu – toliko veselo, koliko će samo veseliji i radosniji biti život na nebu? Stoga biste trebali trčati u susret svojem stanu i svojoj plaći koji su za vas pripravljeni na nebu sve do trenutka kad Gospodin ponovno dođe kako bi vas uzeo k sebi.

Zašto su praoci naše vjere tako silno nastojali i toliko patili da krenu uskim putom Gospodinovim, umjesto ovozemaljskim lakim putom manjeg otpora? Noćima su postili i molili da odbace od sebe grijehe svoje i da se u cijelosti posvete jer su gajili nadu u nebo. A kako su vjerovali u Boga koji će im dati plaću na nebesima prema njihovim djelima, žestoko su pokušavali postati sveti i biti vjerni u hramu Božjem.

Stoga molim u ime Gospodnje da ćete i vi ne samo sudjelovati na Sedmogodišnjoj svadbi i naći se u Gospodinovu naručju, nego da ćete i ostati što bliže Božjem prijestolju na nebu, dajući sve od sebe u gorljivoj nadi u nebo.

Četvrto poglavlje

Tajne neba skrite još od stvaranja

1. Tajne neba otkrivaju se od Isusova vremena

2. Tajne neba otkrite na svršetku vremena

3. U kući Oca mojega ima mnogo stanova

On im odgovori:
„Vama je dano da upoznate
tajne kraljevstva nebeskog,
a njima nije dano.
Jer, tko god ima, dat će mu se,
te će obilovati;
a tko god oskudijeva,
oduzet će mu se i ono što ima.
Njima govorim u usporedbama
zato što gledajući ne vide
i slušajući ne čuju
i ne razumiju."

Sve je to Isus govorio narodu u usporedbama
i ništa mu nije rekao bez usporedaba,
da se ispuni prorokova riječ:
„Govorit ću u usporedbama,
otkrivat ću sakriveno
od postanka svijeta."

- Evanđelje po Mateju 13,11-12, 34-35 -

Jednog dana, dok je Isus sjedio na obali, okupilo se silno mnoštvo. Onda im je Isus govorio u usporedbama. Tad Ga Isusovi učenici upitaše: *„Zašto im govoriš u usporedbama?"* Isus im odgovori:

> *Vama je dano da upoznate tajne kraljevstva nebeskog, a njima nije dano. Jer, tko god ima, dat će mu se, te će obilovati; a tko god oskudijeva, oduzet će mu se i ono što ima. Njima govorim u usporedbama zato što gledajući ne vide i slušajući ne čuju i ne razumiju. Na njima se ispunjava proročanstvo Izaije proroka: 'Dobro ćete čuti, a doista nećete razumjeti; dobro ćete gledati, a doista nećete vidjeti. Jer, otvrdnu srce ovog naroda; ušima svojim teško čuju, oči svoje zatvaraju, da očima ne vide, da ušima ne čuju, da srcem ne razumiju, da se ne obrate i da ih ne ozdravim.' A blago vašim očima jer vide i ušima jer čuju! Zaista, kažem vam, mnogi su proroci i pravednici željeli vidjeti što vi vidite, pa ipak ne vidješe; čuti što vi čujete, pa ipak ne čuše* (Evanđelje po Mateju 13,11-17).

I baš kao što je Isus rekao, mnogi proroci i pravednici nisu ni vidjeli niti čuli tajne kraljevstva nebeskog iako su ih željeli vidjeti i čuti.

Međutim, budući da je Isus, po svojoj prirodi sâmi Bog, sišao na ovu zemlju (Poslanica Filipljanima 2,6-8), Njegovim je učenicima bilo dano da spoznaju tajne kraljevstva nebeskog.

Kao što stoji u Evanđelju po Mateju 13,35: *„da se ispuni prorokova riječ: 'Govorit ću u usporedbama, otkrivat ću sakriveno od postanka svijeta,'"* Isus je govorio u usporedbama da se ispuni zapisano u Svetom pismu.

1. Tajne neba otkrivaju se od Isusova vremena

U Evanđelju po Mateju 13 brojne su usporedbe o nebu. I to zato što bez tih usporedaba ne možete ni shvatiti ni razumjeti tajne neba, čak ni ako više puta pročitate Bibliju.

S kraljevstvom je nebeskim kao s čovjekom koji posija dobro sjeme na svojoj njivi (redak 24).

Kraljevstvo je nebesko slično gorušičinu zrnu koje netko uze i posija na svojoj njivi. Ono je, svakako, najsitnije od svega sjemena, ali kad uzraste, bude veće od drugoga povrća; razvije se u stablo, tako da dolaze ptice nebeske i gnijezde se u njegovim granama (redak 31-32).

Kraljevstvo je nebesko slično kvascu koji žena uzme i umijesi u tri mjere brašna dok sve ne uskvasa (redak 33).

S kraljevstvom je nebeskim kao s blagom koje

sakriveno leži u njivi. Kad se netko na nj namjeri, sakrije ga te u svojoj radosti ode da proda sve što ima i kupi tu njivu (redak 44).

Dalje, s kraljevstvom je nebeskim kao s trgovcem koji traži dobre bisere i kad se namjeri na dragocjen biser, ode da proda sve što ima i kupi ga (redak 45-46).

Dalje, kraljevstvo je nebesko slično velikoj mreži koja se baci u more i skuplja raznovrsne ribe. Kad se napuni, ribari je izvuku na obalu te sjednu i pokupe što je dobro u posude, a što je gnjilo odbace (redak 47-48).

Isto tako Isus je propovijedao o nebu, koje se nalazi u duhovnom kraljevstvu, koristeći se brojnim usporedbama. A budući da se nebo nalazi u nevidljivom duhovnom kraljevstvu, i pojmiti ga možete tek pomoću usporedaba.

Da biste zadobili život vječni na nebu, morate živjeti ispravnim životom u vjeri, znajući kako prisvojiti nebo, kakvi ljudi odlaze onamo i kad će se Pismo ispuniti.

Koji je konačni cilj odlaženja u crkvu i življenja životom vjere? Cilj je biti spašen i otići u nebo. Međutim, ako ne možete otići u nebo iako ste dugo vremena odlazili u crkvu, kako ćete biti jadni?

Čak su i u Isusovo doba brojni vršili zakon i ispovijedali vjeru u Boga, ali ipak nisu bili ni spašeni niti su ušli u nebo. U Evanđelju po Mateju 3,2 upravo iz tog razloga Ivan Krstitelj je propovijedao: „*Obratite se jer je blizu kraljevstvo nebesko!*" i pripravio put Gospodinu. Isto tako, u Evanđelju po Mateju 3, 11-12 on je ljudima govorio da je Isus Spasitelj i Gospodar Velikog suda govoreći: „*Ja vas doduše krstim vodom za obraćenje, ali onaj koji dolazi iza mene jači je od mene. Ja nisam dostojan skinuti mu obuću. On će vas krstiti Duhom Svetim i ognjem. Vijača mu u ruci. I, očistit će svoje ovršeno žito; skupit će svoju pšenicu u žitnicu, a pljevu će sažeti ognjem neugasivim.*"

Unatoč tomu, Izraelci toga doba ne samo da Ga nisu prepoznali kao svojeg Spasitelja, nego su Ga i razapeli. Koliko je samo tužna činjenica da oni i danas još uvijek čekaju Mesiju!

Tajne neba otkrite apostolu Pavlu

Premda apostol Pavao nije bio jedan od Isusovih dvanaest izvornih učenika, nitko mu nije bio ravan kad je riječ o svjedočenju za Isusa Krista. Prije nego što je Pavao spoznao Gospodina, bio je farizej koji je strogo vršio zakon i čuvao tradiciju starješina, a usto je bio i Židov i građanin Rimskog carstva još od rođenja, koji je sudjelovao u proganjanju prvih kršćana.

Međutim, nakon što se susreo s Gospodinom na putu za Damask, Pavao se predomislio i priveo tolike ljude na put spasenja usredotočujući se na evangelizaciju pogana.

Bog je znao da će Pavao silno patiti i biti progonjen dok bude naviještao evanđelje. I upravo je zato baš Pavlu otkrio čudesne tajne neba kako bi se on natiskivao k cilju (Poslanica Filipljanima 3,12-14). Bog mu je dao da krajnje zadovoljan naviješta evanđelje i nadu u nebo.

Ako čitate Pisma apostola Pavla, vidjet ćete da je on, nadahnut Duhom Svetim, pisao o Drugom dolasku Gospodnjem, o uznesenju vjernika u zrak, o njihovim stanovima na nebesima, o sjaju nebesa, vječnoj plaći i vijenicma, vječnom svećeniku Melhizedeku i o Isusu Kristu.

U Drugoj poslanici Korinćanima 12,1-4 Pavao dijeli svoja duhovna iskustva s crkvom u Korintu koju je zasnovao, a koja nije živjela po Riječi Božjoj.

> *Moram se hvaliti; doduše, to ne koristi. Unatoč tome pristupit ću k viđenjima i objavama koje mi je Gospodin darovao. Poznajem nekog čovjeka u Kristu, koji prije četrnaest godina – ne znam je li s tijelom, ne znam je li bez tijela, to Bog zna – bî uznesen do trećeg neba. I znam da taj čovjek – ne znam je li s tijelom, ne znam je li bez tijela, to Bog zna – bî uznesen u raj. On je čuo neizrecive riječi koje čovjeku nije dopušteno reći.*

Bog je odabrao apostola Pavla za evangelizaciju pogana, pročistio ga ognjem i davao mu viđenja i objave. Bog mu je pomogao da sve poteškoće nadvlada ljubavlju, vjerom i nadom u nebo. Primjerice, Pavao je priznao da je odveden u Raj na Trećem nebu i da je četrnaest godina prije toga čuo za tajne neba, ali su one bile toliko čudesne da ih čovjeku nije bilo dopušteno reći.

Apostol je osoba koju je Bog pozvao i koja u cijelosti vrši Njegovu volju. Unatoč tomu, među članovima crkve u Korintu bilo je i onih koje su zaveli lažni učitelji i koji su osuđivali apostola Pavla.

U to je vrijeme apostol Pavao nabrajao poteškoće koje je propatio za Gospodina i podijelio je svoja duhovna iskustva kako bi Korinćane potaknuo da postanu prekrasne zaručnice Gospodinove, a sve to djelujući po Riječi Božjoj. Nije se želio hvalisati svojim duhovnim iskustvima, nego samo izgraditi i ojačati Kristovu crkvu obranom i potvrdom svojeg apostolata.

Ono što morate ovdje shvatiti jest to da Bog daje viđenja i objave samo onima koji su ispravni u Božjim očima. Isto tako, za razliku od članova korintske crkve koji su, zavedeni lažnim učenjima, osuđivali Pavla, vi ne smijete osuđivati nikoga tko radi u cilju širenja kraljevstva Božjeg, spašava brojne ljude i kojega je i sâm Bog priznao.

Tajne neba otkrite apostolu Ivanu

Apostol Ivan bio je jedan od dvanaestorice učenika i Isus ga je veoma ljubio. Sâm Isus nije ga zvao „učenikom," nego ga je duhovno hranio kako bi izbliza mogao služiti svojem učitelju. Bio je toliko nagle naravi da su ga zvali „sinom groma," ali je postao apostolom ljubavi nakon što ga je preobrazila snaga Božja. Ivan je slijedio Isusa tražeći nebesku slavu. A bio je i jedini među učenicima koji je čuo Isusovih zadnjih sedam riječi na križu. Bio je vjeran u vršenju dužnosti apostola, a na nebu je postao velikim čovjekom.

Kao rezultat žestokih progona kršćanstva od strane Rimskog carstva, Ivana su bacili u ključalo ulje, ali nije umro pa je bio izgnan na otok Patmos. Ondje je razgovarao s Bogom i zapisao Otkrivenje koje je puno nebeskih tajni.

Ivan je pisao o mnogim duhovnim pitanjima, kao što su prijestolje Božje i Jaganjčevo na nebu, veličanje na nebu, četiri živa stvora oko Božjeg prijestolja, sedmogodišnja Velika nevolja i uloga anđela, Svadba Jaganjčeva i Tisućljeće, Veliki sud Bijelog prijestolja, pakao, Novi Jeruzalem na nebu i Bezdan.

I zato nam apostol Ivan u Otkrivenju 1,1-3 kaže da je Otkrivenje napisano na temelju objava i viđenja Gospodnjih, a da on sve to zapisuje jer se zapisano ima uskoro dogoditi.

> *Otkrivenje Isusa Krista koje mu dade Bog da pokaže slugama svojim što se ima uskoro dogoditi. I on to pokaza znacima po svom anđelu kojega posla svome sluzi Ivanu. Taj svjedoči za riječ Božju i za svjedočanstvo Isusa Krista: za sve što je vidio. Blago čitaču i slušačima riječi ovoga proroštva ako vrše što je u njemu napisano! Jer, Vrijeme je blizu!*

Fraza „Vrijeme je blizu" implicira da se bliži vrijeme Gospodinova ponovnog dolaska. Stoga je vrlo važno ispunjavati uvjete za ulazak na nebo kad si spašen po vjeri.

Čak i ako svaki tjedan idete u crkvu, nećete moći biti spašeni osim ako nemate vjeru po djelima. Isus vam govori: „*Neće svaki koji mi govori: 'Gospodine, Gospodine!' ući u kraljevstvo nebesko, nego onaj koji vrši volju moga nebeskog Oca*" (Evanđelje po Mateju 7,21). Dakle, ako ne djelujete po Božjoj riječi, jasno je da ne možete ući u nebo.

Stoga, apostol Ivan u tančine objašnjava događaje i svjedočanstva koji se imaju uskoro dogoditi iz Otkrivenja 4 nadalje i zaključuje da Gospodin ponovno dolazi i da morate oprati svoje haljine.

Evo, dolazim uskoro – i moja plaća sa mnom – da svakome platim kako odgovara njegovu djelu! Ja sam Alfa i Omega, Prvi i posljednji, Početak i Svršetak. Blago onima koji peru svoje haljine da imadnu dio u stablu života i mognu ući u Grad na vrata! (Otkrivenje 22,12-14)

Duhovno gledano, haljine znače srce i djela. Prati haljine odnosi se na pokajanje za grijehe i nastojanje živjeti po volji Božjoj.

Dakle, u onoj mjeri u kojoj živite po Riječi Božjoj ulazit ćete kroz mnoga vrata sve dok ne uđete u najljepši dio neba, Novi Jeruzalem.

Zato biste trebali shvatiti da, što vam vjera bude više rasla, to ćete dobiti bolji stan na nebesima.

2. Tajne neba otkrite na svršetku vremena

Hajde da se pozabavimo tajnama neba koje su otkrite i koje se trebaju ispuniti na svršetku vremena uz pomoć usporedaba Isusovih u Evanđelju po Mateju 13.

Odijelit će zle od pravednih

U Evanđelju po Mateju 13,47-50 Isus govori kako je kraljevstvo nebesko slično velikoj mreži koja se baci u more i skuplja svakovrsne ribe. Što to znači?

> *Dalje, kraljevstvo je nebesko slično velikoj mreži koja se baci u more i skuplja svakovrsne ribe. Kad se napuni, ribari je izvuku na obalu te sjednu i pokupe što je dobro u posude, a što je gnjilo odbace. Tako će biti na svršetku svijeta: izići će anđeli, odijelit će zle od pravednih i baciti ih u ognjenu peć, gdje će biti plač i škrgut zubi.*

„More" se ovdje odnosi na ovaj svijet, „riba" na sve vjernike, a ribar koji baca mrežu u more i lovi ribu je Bog. Pa što to, onda, znači da Bog baca mrežu, izvlači je kad se napuni i kupi dobru ribu u košare, a gnjilu odbaci? To je da znate da će na svršetku svijeta izići anđeli, prikupit će pravednike u nebo, a zle će baciti u pakao.

Danas mnogi misle da će zasigurno ući u kraljevstvo nebesko samo ako priznaju Isusa Krista. Međutim, Isus jasno kaže: *„izići će anđeli, odijelit će zle od pravednih i baciti ih u ognjenu peć"* (Evanđelje po Mateju 13,50). „Pravednici" ovdje predstavljaju one koje nazivaju „pravednima" zbog toga što u svojim srcima vjeruju u Isusa Krista, a svoju vjeru provode u djelima. Niste „pravedni" zato što poznajete Riječ Božju, nego samo zbog toga što poštujete Njegove zapovijedi i vršite Njegovu volju (Evanđelje po Mateju 7,21).

U Bibliji je zapisano i „ono što treba činiti," i „ono što se ne smije činiti," i „ono što treba poštovati" i „ono što treba odbaciti." Međutim, „pravedni" su samo oni koji žive po Riječi Božjoj i smatra se da samo oni imaju duhovnu, živu vjeru. Ima onih za koje govore da su, općenito gledano, pravedni, ali njih se može razvrstati u „pravedne" u očima ljudi ili „pravedne" u Božjim očima. Stoga biste trebali moći prepoznati razliku između pravednika ljudi i Božjih pravednika, a sâmi postati pravednikom u Božjim očima.

Primjerice, ako netko tko sâm sebe smatra pravednim ukrade, tko će za njega reći da je pravednik? Ako oni koji se nazivaju „djecom Božjom" nastave počinjati grijehe i ne žive po Riječi Božjoj, oni se ne mogu zvati „pravednima." Ti su ljudi zli među „pravednima."

Drugi sjaj nebeskih tjelesa

Ako priznate Isusa Krista i živite samo po Riječi Božjoj, sjajit ćete kao sunce na nebu. O tajnama neba apostol Pavao piše u tančine u Prvoj poslanici Korinćanima 15,40-41.

> *Ima i nebeskih tjelesa i zemajskih tjelesa, ali drugi je sjaj nebeskih, a drugi zemaljskih. Drugi je sjaj sunca, a drugi sjaj mjeseca, a drugi sjaj zvijezda, jer se zvijezda od zvijezde razlikuje sjajem.*

Budući da se nebo prisvaja jedino vjerom, ima smisla to što se sjaj neba razlikuje ovisno o mjeri vjere svakog pojedinoga. Upravo zato i postoji različit sjaj sunca, mjeseca i zvijezda; čak se i intenzitet sjaja razlikuje od zvijezde do zvijezde.

Hajde da se pozabavimo još jednom tajnom neba pomoću

usporedbe o gorušičinu zrnu iz Evanđelja po Mateju 13,31-32.

> *[Isus] iznese drugu usporedbu: „Kraljevstvo je nebesko slično gorušičinu zrnu koje netko uze i posija na svojoj njivi. Ono je, svakako, najsitnije od svega sjemena, ali kad uzraste, bude veće od drugoga povrća; razvije se u stablo, tako da dolaze ptice nebeske i gnijezde se u njegovim granama."*

Jedno gorušičino zrno maleno je poput točkice koju na papiru ostavlja kemijska olovka. Ali, čak će i to maleno sjeme uzrasti u veliko stablo tako da dolaze ptice nebeske i gnijezde se u njegovim granama. Pa čemu nas je, onda, Isus htio poučiti pomoću ove usporedbe o gorušičinu zrnu? Lekcije koje moramo naučiti jesu te da se nebo prisvaja vjerom i da postoje različite mjere vjere. Dakle, čak i ako sada imate „malu" vjeru, možete je odnjegovati da uzraste u „veliku" vjeru.

Čak i s vjerom malom koliko i gorušično zrno

U Evanđelju po Mateju 17,20 Isus govori: *„Zbog vaše nevjere – odgovori im. – Zaista, kažem vam, ako imadnete vjere koliko gorušičino zrno te reknete ovoj gori: 'Prijeđi odavde onamo,' prijeći će; i ništa vam neće biti nemoguće."* Kao odgovor na zahtjev svojih učenika: „Daj nam više vjere!" Gospodin odvrati: *„Da zbilja imate vjere koliko gorušičino zrno, rekli biste ovomu dudu: 'Iščupaj se s korijenom i presadi se u more!' i poslušao bi vas"* (Evanđelje po Luki 17,5-6).

Pa koje je, onda, duhovno značenje ovih redaka? To znači da

kada vjera malena koliko gorušičino zrno naraste u veliku vjeru, ništa vam neće biti nemoguće. Kad netko prizna Isusa Krista, daje mu se vjera malena koliko gorušičino zrno. Kad on posije to sjeme u svoje srce, ono će pustiti izdanke. A kad naraste u veliku vjeru veličine velikog stabla, na koje dolaze mnoge ptice i gnijezde se u njegovim granama, on će doživjeti djela Božje moći koje je činio i Isus, kao što je to da slijepi progledaju, da gluhi počinju čuti, da nijemi progovore i da se mrtvi vraćaju u život.

Ako mislite da imate vjere, ali ne možete očitovati djela Božje moći ili imate poteškoća u svojoj obitelji ili čak u poslu, to je zato što vaša vjera malena koliko gorušičino zrno još uvijek nije uzrasla u veliko stablo.

Proces rasta duhovne vjere

U Prvoj Ivanovoj poslanici 2,12-14 apostol Ivan ukratko objašnjava kako raste duhovna vjera.

> *„Dječice, pišem vama, jer su vam oprošteni grijesi po njegovu Imenu. Oci, pišem vama, jer ste spoznali onoga koji je od iskona. Mladići, pišem vama, jer ste pobijedili Zloga. Dječaci, pišem vama, jer ste spoznali Oca. Oci, pišem vama, jer ste spoznali onoga koji je od iskona. Mladići, pišem vama, jer ste jaki, jer u vama ostaje riječ Božja i jer ste pobijedili Zloga."*

Trebate shvatiti da postoji proces rasta duhovne vjere. Morate razvijati svoju vjeru i imati vjeru otaca s kojom spoznajete Boga koji je od prije početka vremena. Ne biste se smjeli zadovoljiti razinom vjere dječice, čiji su grijesi oprošteni zato što su priznali Isusa Krista.

Isto tako, kao što nam Isus govori u Evanđelju po Mateju 13,33: „*Kraljevstvo je nebesko slično kvascu koje žena uzme i umijesi u tri mjere brašna dok sve ne uskvasa.*"

Dakle, morate shvatiti da se proces rasta vjere malene koliko gorušičino zrno u veliku vjeru može ostvariti jednakom brzinom kojom kvasac djeluje u tijestu. Kao što stoji u Prvoj poslanici Korinćanima 12,9, vjera je dar Duha koju vam daje Bog.

Prodaj sve što imaš i kupi nebo

Morate se uistinu potruditi da prisvojite nebo jer se nebo može prisvojiti samo vjerom, a vjera se povećava u procesu rasta. Čak i na ovome svijetu morate se truditi da dobijete bogatstvo i slavu, da govorite o zarađivanju dovoljno novca za, primjerice, kupnju kuće. Nastojite kupiti i održavati sve te stvari, a nijednu od njih ne možete zadržati zauvijek. Pa koliko biste se, onda, trebali više truditi da zadobijete sjaj i stan na nebesima koje ćete uvijek imati?

U Evanđelju po Mateju 13,44 Isus govori: „*S kraljevstvom je nebeskim kao s blagom koje sakriveno leži u njivi. Kad se netko na nj namjeri, sakrije ga te u svojoj radosti ode da proda sve što ima i kupi tu njivu.*" A u Evanđelju po Mateju 13,45-46 On nastavlja: „*Dalje, s kraljevstvom je nebeskim kao s trgovcem koji traži dobre bisere i kad se namjeri na dragocjen biser, ode da proda sve što ima i kupi ga.*"

Dakle, koje nam se to tajne neba otkrivaju u usporedbama o blagu sakrivenom u njivi i dragocjenom biseru? Isus je obično iznosio usporedbe s predmetima koji su se lako mogli pronaći u svakodnevnom životu. Hajdemo se sada pozabaviti usporedbom o „blagu sakrivenom u njivi."

Bijaše nekoć siromašni poljodjelac koji je živio od svakodnevnih nadnica. Jednog je dana otišao na posao na zahtjev svojeg susjeda. Poljodjelcu je rečeno da je zemlja neplodna jer se dugo nije obrađivala, ali je njegov susjed želio zasaditi voćnjak kako zemlja ne bi propala. Poljodjelac je pristao na taj posao. Jednog je dana krčio zemlju i na vrhu lopate osjetio nešto tvrdo. Nastavio je kopati i pronašao gomilu blaga u zemlji. Poljodjelac koji je našao blago počeo je razmišljati na koji način da on bude vlasnikom blaga. Odlučio je kupiti zemlju u kojoj je blago bilo sakriveno, a budući da je tlo bilo neplodno i gotovo propalo, poljodjelac je pomislio da bi vlasnik zemlje lako mogao prodati tu zemlju bez puno negodovanja.

Poljodjelac se vratio kući, sakupio sve što je imao i počeo prodavati svoju imovinu. Međutim, nije nimalo žalio da proda sve to je imao jer je otkrio blago, koje je vrijedilo više od svega što je imao.

Usporedba o blagu sakrivenom u njivi

Što biste trebali razumjeti na temelju usporedbe o blagu sakrivenom u njivi? Nadam se da ste spoznali tajnu neba razmatrajući duhovno značenje usporedbe o blagu sakrivenom u njivi, i to u četiri aspekta.

Kao prvo, njiva predstavlja vaše srce, a blago nebo. Ta usporedba implicira da je nebo, baš kao blago,

sakriveno u vašem srcu.

Bog je ljude stvorio tako da imaju duh, dušu i tijelo. Duh je stvoren kao čovjekov gospodar kako bi razgovarao s Bogom. Duša je stvorena da sluša zapovijedi duha, a tijelo je stvoreno kao stan duha i duše. I zato je čovjek nekoć bio živi duh, kao što stoji u Knjizi postanka 2,7.

Međutim, otkako je prvi čovjek Adam počinio grijeh neposluha, umro je duh, čovjekov gospodar, a duša je preuzela ulogu gospodara. Onda su ljudi zapali u još veće grijehe i morali su krenuti na put smrti jer više nisu mogli razgovarati s Bogom. Sad su oni bili ljudi duše, koju nadziru neprijateljski Sotona i đavao.

Iz tog je razloga Bog ljubavi poslao svojeg Sina Jedinorođenca Isusa na ovaj svijet i dopustio da Ga razapnu te da On prolije svoju krv kao žrtvu pomirnicu kojom će otkupiti cijelo čovječanstvo od grijeha. Zbog toga se vama otvorio put spasenja kako biste postali djeca Svetog Boga i kako biste ponovno s Njim mogli razgovarati.

Dakle, svi koji priznaju Isusa Krista kao svojeg osobnog Spasitelja primit će Duha Svetoga, a njihov će duh oživjeti. Isto tako, oni će ponovno zadobiti pravo da postanu djeca Božja i radost će im napuniti srca.

To znači da je duh došao razgovarati s Bogom i ponovno nadzirati dušu i tijelo kao čovjekov gospodar. To također znači da se čovjek počeo bojati Boga i slušati Njegovu Riječ, vršiti dužnost dodijeljenu čovjeku.

Stoga je oživljavanje duha isto što i pronalaženje blaga sakrivenog u njivi. Nebo je kao blago sakriveno u njivi jer je nebo sad prisutno u vašem srcu.

Kao drugo, kada čovjek pronađe blago sakriveno u njivi i tome se obraduje, to implicira da će, kad osoba prizna Isusa Krista i primi Duha Svetoga, oživjeti njezin mrtvi duh, a ona će spoznati da je u njezinu srcu nebo i radovat će se.

U Evanđelju po Mateju 11,12 Isus kaže: „*Od vremena Ivana Krstitelja do sada navala je na kraljevstvo nebesko i siloviti ga prisvajaju.*" I apostol Ivan piše u Otkrivenju 22,14: „*Blago onima koji peru svoje haljine da imadnu dio u stablu života i mognu ući u Grad a vrata.*"

Putem toga možete naučiti da neće svi koji priznaju Isusa Krista otići u isti stan u kraljevstvu nebeskom. Baštinit ćete to bolji stan na nebu, što u većoj mjeri budete nalik Gospodinu i postanete istinoljubivi.

Dakle, oni koji ljube Gospodina i nadaju se nebu u svemu će postupati prema Božjoj Riječi i bit će sve više nalik Gospodinu što više od sebe odbace sve opačine.

Prisvojit ćete kraljevstvo nebesko u onoj mjeri u kojoj srce napunite nebom, u kojemu je samo dobrota i istina. Pa čak i na ovoj zemlji, kada spoznate da vam je u srcu nebo, radovat ćete se.

To je radost koju osjetite kad se prvi puta susretnete s Isusom Kristom. Ako netko tko je trebao krenuti putom smrti, zadobije istinski život i vječno nebo putem Isusa Krista, koliko će se samo radovati! Također će biti i vrlo zahvalan jer u svojem srcu može vjerovati u kraljevstvo nebesko. Tako radost osobe koja se veseli što je pronašla blago sakriveno u njivi predstavlja radost priznavanja Isusa Krista i prepoznavanju kraljevstva nebeskog u njezinu srcu.

Kao treće, ako se blago, nakon što se pronađe, ponovno sakrije, to implicira da je mrtvi duh te osobe oživio i da ona želi živjeti po Božjoj Riječi, ali svoju odlučnost ne može pretočiti u djelo jer nije primila snagu za življenje po Riječi Božjoj.

Poljodjelac nije mogao iskopati blago čim ga je našao. Prvo je morao prodati svu imovinu i kupiti njivu. Isto tako, i vi znate da postoje i nebo i pakao te na koji način možete ući u nebo kada priznate Isusa Krista, ali ne možete to pokazati djelima čim počnete slušati Riječ Božju.

Budući da ste, prije nego što ste priznali Isusa Krista, živjeli nepravednim životom koji se protivio Riječi Božjoj, u vašem je srcu preostalo mnogo nepravde. Međutim, ako iz svojega srca ne odbacite sve što je neistinito, a pritom ispovijedate vjeru u Boga, Sotona će vas i dalje voditi put tame kako ne biste mogli živjeti po Riječi Božjoj. I baš kao što je poljodjelac kupio njivu nakon što je prodao sve što je imao, i vi možete posjedovati blago u svojemu srcu jedino ako nastojite od sebe odbaciti neistiniti um i zadobiti istinito srce kakvo Bog želi.

Dakle, morate slijediti istinu, a to je Riječ Božja, tako što ćete se predati Bogu i usrdno moliti. Tek tada ćete uspjeti od sebe odbaciti neistinu i primiti snagu djelovanja i življenja po Riječi Božjoj. Uvijek morate imati na umu da je nebo rezervirano samo za takve ljude.

Kao četvrto, kad je prodao sve što je imao, implicira da morate uništiti sve neistine duše da bi oživio vaš mrtvi duh i da bi on postao čovjekovim gospodarom.

Kad oživi mrtvi duh, spoznat ćete nebo. Trebali biste prisvajati nebo uništavanjem svih neistinitih misli, koje pripadaju duši i kojima upravlja Sotona, te vjerom popraćenom djelima. To je načelo isto onome po kojemu pilić mora prvo razbiti ljusku da bi došao na svijet.

I zato morate od sebe odbaciti sva djela i sve težnje tijela kako biste prisvojili nebo. Štoviše, trebali biste postati osobom čistog duha koja je u svemu nalik božanstvenoj prirodi Gospodinovoj (Prva poslanica Solunjanima 5,23).

Djela tijela utjelovljenje su zloće u srcu koja rezultira djelom. Težnje tijela odnose se na sve grijehe u srcu koji mogu u bilo koje doba rezultirati djelom, čak i ako dosad još uvijek nisu rezultirali djelom. Tako, primjerice, ako u srcu gajite mržnju, to je težnja tijela, a ako ta mržnja rezultira djelom udaranja nekog drugog, to je djelo tijela.

Jer, jasno stoji u Poslanici Galaćanima 5,19-21: *„Prepoznatljiva su djela tijela. To su: bludnost, nečistoća, raspuštenost, idolopoklonstvo, vračanje, neprijateljstva, svađa, ljubomora, srdžbe, sebičnosti, razdori, strančarenja, zavisti, pijanstva, razuzdane gozbe i tomu slično. Ponavljam što sam vam već prije kazao: oni koji čine takvo nešto, neće baštiniti kraljevstva Božjega."*

A i u Poslanici Rimljanima 13,13-14 stoji: *„Živimo pristojno kao danju, bez razuzdanih gozba i pijanki, bez bludnosti i raspuštenosti, bez svađe i ljubomore, a obucite se u Gospodina,*

Isusa Krista, i ne brinite se za tijelo tako da se razbude pohote," a u Poslanici Rimljanima 8,5 stoji: „*Jer, oni koji žive po tijelu, teže za tjelesnim stvarima, a oni koji žive po Duhu, teže za duhovnim."*

Stoga, prodati sve što imate znači uništiti sve neistine protiv Božje volje u svojoj duši i odbaciti od sebe sva djela i težnje tijela, koje nisu ispravne po Riječi Božjoj, i sve ostalo što ste ljubili više od Boga.

Ako na taj način nastavite od sebe odbacivati svoje grijehe i opačine, vaš duh sve više i više oživljuje i možete živjeti po Riječi Božjoj slijedeći želju Duha Svetoga. I naposljetku ćete postati čovjekom duha i moći ćete zadobiti božansku narav Gospodinovu (Poslanica Filipljanima 2,5-8).

Nebo se prisvaja u mjeri u kojoj se ostvaruje u srcu

Oni koji prisvajaju nebo vjerom jesu oni koji prodaju sve što imaju odbacivanjem svakoga zla i ostvarivanjem neba u svojemu srcu. I na koncu, kad Gospodin dođe drugi put, nebo koje je dotad bilo poput sjene postaje stvarnošću, a oni će zadobiti vječno nebo. Oni koji prisvajaju nebo najbogatiji su od svih ljudi, čak i ako su od sebe odbacili sve na ovome svijetu. Međutim, oni koji ne prisvajaju nebo najsiromašniji su od svih ljudi koji u stvarnosti nemaju ništa, čak ni ako imaju sve na ovome svijetu. A to je zato što se sve što vam je potrebno nalazi u Isusu Kristu, a sve izvan Isusa Krista je bezvrijedno jer nas nakon smrti čeka samo vječni sud.

I upravo je zato Matej slijedio Isusa i napustio vlastito zanimanje. I upravo je zato Petar slijedio Isusa i ostavio svoj čamac i mrežu. Čak je i apostol Pavao sve što je posjedovao smatrao bezvrijednim smećem nakon što je priznao Isusa Krista. Razlog zbog kojega su svi ti apostoli mogli tako postupiti jest taj što su svi oni željeli pronaći blago, koje je vrjednije od bilo čega na ovomu svijetu, i iskopati ga.

Isto tako, i vi morate pokazivati svoju vjeru djelima, iskazujući poslušnost Riječi istine i odbacujući od sebe sve neistine koje se protive Bogu. Morate ostvariti kraljevstvo nebesko u svojemu srcu prodavanjem svih neistina, kao što su tvrdoglavost, ponos i oholost koje ste dotad smatrali blagom u svojemu srcu.

Dakle, ne biste trebali tražiti ovozemaljsko, nego prodati sve što imate kako biste u svojim srcima ostvarili nebo i baštinili vječno kraljevstvo nebesko.

3. U kući Oca mojega ima mnogo stanova

U Evanđelju po Ivanu 14,1-3 vidimo da na nebu ima mnogo stanova i da je Isus Krist otišao pripraviti vam mjesto na nebu.

> *Neka se ne uznemiruje vaše srce! Vjerujte u Boga i u me vjerujte! U kući Oca mojega ima mnogo stanova. Inače, zar bih vam rekao: Idem da vam pripravim mjesto! Kad odem da vam pripravim mjesto, vratit ću se da vas uzmem k sebi, i da vi budete gdje sam ja.*

Gospodin vam je otišao pripraviti mjesto na nebu

Svojim je učenicima Isus govorio o onome što će se događati

prije nego što ga uhite i razapnu. Gledajući svoje učenike, koji su se zabrinuli kad su čuli za izdaju Jude Iškariotskoga, nijekanje Petrovo i Isusovu smrt, Isus se sučelio s njima govoreći im o nebeskim stanovima.

I upravo zato je rekao: *„U kući Oca mojega ima mnogo stanova. Inače, zar bih vam rekao: Idem da vam pripravim mjesto?"* Isusa su razapeli i On je ustinu uskrsnuo treći dan, slamajući tako vlast smrti. A onda, poslije četrdeset dana, uzašao je na nebo, dok su to mnogi gledali, da bi vam pripravio mjesto.

Pa što, onda, znači *„Idem da vam pripravim mjesto?"* Kao što je zapisano u Prvoj Ivanovoj poslanici 2,2: *„[Isus] On je žrtva pomirnica za naše grijehe; ali ne samo za naše nego i za grijehe svega svijeta,"* to znači da je Isus srušio zid grijeha između ljudi i Boga kako bi svi mogli prisvojiti nebo vjerom.

Bez Isusa Krista ne bi se bio mogao srušiti zid grijeha između Boga i vas. U Starom zavjetu, kad bi čovjek počinio grijeh, morao je prinijeti životinju kao žrtvu za oproštenje grijeha. Međutm, Isus vam je omogućio da vam se oproste svi grijesi i da postanete sveti prinoseći sebe sâmoga kao samo jednu žrtvu (Poslanica Hebrejima 10,12-14).

Jedino putem Isusa Krista može se srušiti zid grijeha između vas i Boga, a vi možete primiti blagoslov ulaska u kraljevstvo nebesko i uživanja u prekrasnom i veselom životu vječnomu.

„U kući Oca mojega ima mnogo stanova"

U Evanđelju po Ivanu 14,2 Isus kaže: *„U kući Oca mojega ima mnogo stanova."* U ovom se retku topi sâmo srce Gospodina koji želi da se svi spasimo. A usput budi rečeno:

zašto je Isus rekao: „u kući Oca mojega," umjesto da kaže: „u kraljevstvu nebeskom?" Zato što Bog ne želi puke „građane," nego pravu „djecu" s kojima u vječnosti kao Otac može dijeliti svoju ljubav.

Nebom upravlja Bog, a ono je dovoljno veliko da se u nj smjeste svi oni koji su spašeni po vjeri. A to je ujedno i toliko lijepo i fantastično mjesto koje se uopće ne može usporediti ni sa čime na ovomu svijetu. U kraljevstvu nebeskom, čija je veličina nezamisliva, najljepše i najslavnije mjesto je Novi Jeruzalem u kojemu se nalazi prijestolje Božje. I baš kao što se u Seulu, glavnom gradu Koreje, nalazi Plava kuća, a u Washingtonu, D.C., glavnom gradu Sjedinjenih Američkih Država, Bijela kuća, u kojima žive predsjednici tih država, tako se i u Novom Jeruzalemu nalazi Božje prijestolje.

A gdje je, onda, Novi Jeruzalem? U sâmom središtu neba, ujedno je to i mjesto u kojemu će zauvijek živjeti ljudi od vjere, mili Bogu. Tomu nasuprot, najudaljeniji rub neba je Raj. Poput onog zločinca razapetog Isusu s jedne strane, koji je priznao Isusa Krista i bio spašen, tako će ondje boraviti oni koji su samo priznali Isusa Krista i nisu učinili ništa za kraljevstvo nebesko.

Nebo se daruje ovisno o mjeri vjere

Zašto je Bog za svoju djecu pripravio mnoge stanove na nebu? Bog je pravedan i daje vam da žanjete kako ste sijali (Poslanica Galaćanima 6,7), a svakoj osobi daje plaću već prema onome što je učinila (Evanđelje po Mateju 16,27; Otkrivenje 2,23). I upravo nam je zato On pripravio mjesto ovisno o mjeri naše vjere.

U Poslanici Rimljanima 12,3 primjećuje se: *„Dakako, zbog*

milosti koja mi je dana kažem svakome među vama da ne drži do sebe više od onoga što treba do sebe držati, nego neka drži do sebe pristojno prema mjeri vjere, kako je Bog udijelio svakomu pojedinomu."

Stoga biste trebali razumjeti da će se stanovi na nebesima i slava svakog pojedinoga na nebu razlikovati ovisno o mjeri vjere svakoga od nas.

Ovisno o tomu u kojoj mjeri nalikujete srcu Božjemu, bit će vam dodijeljen stan na nebu. Stanovi u vječnome nebu dodjeljivat će se ovisno o tomu u kojoj ste mjeri kao duhovna osoba u svojem srcu ostvarili nebo.

Primjerice, recimo da se na nekom športskom natjecanju natječu dijete i odrasla osoba ili da vode raspravu. Svijet djeteta toliko se razlikuje od svijeta odrasle osobe da će djeci vrlo brzo postati dosadno družiti se s odraslima. Jer se način razmišljanja, govor i djela djece znatno razlikuju od onih koje prakticiraju odrasli. Zabavno je samo kad se djeca igraju s drugom djecom, mladi s mladima, a odrasli s odraslima.

Isto je tako i na duhovnom planu. Budući da se razlikuje duh svakoga od nas, Bog ljubavi i pravde podijelio je stanove na nebesima, već prema mjeri vjere, kako bi Njegova djeca sretno živjela.

Gospodin se vraća nakon što nam pripravi mjesto

U Evanđelju po Ivanu 14,3 Gospodin nam je obećao da će se vratiti da nas uzme k sebi u kraljevstvo nebesko kad ode da nam pripravi mjesto.

Pretpostavimo da je neki čovjek nekoć primio Božju milost i dobio veliku plaću na nebesima jer je bio vjeran. Ali, ako se on vrati putovima ovoga svijeta, on će otpasti od puta spasenja i završiti u paklu. A njegova će velika plaća na nebesima postati bezvrijedna. Čak i ako ne ode u pakao, njegova bi plaća opet mogla postati bezvrijedna.

Katkad, ako razočaramo Boga ponižavajući Ga, iako smo nekoć bili vjerni, ili ako se vratimo na prethodnu razinu ili ostanemo na istoj razini u svom kršćanskom životu, iako smo trebali napredovati, opet će nestati naše plaće.

Pa ipak, Gospodin će se sjetiti svega što ste po vjeri učinili i nastojali učiniti za kraljevstvo Božje. Isto tako, ako posvetite svoje srce njegovim obrezivanjem u Duhu Svetomu, bit ćete blagoslovljeni stanom na nebu koje sja poput sunca. Budući da Gospodin želi da sva Njegova djeca budu savršena, On je rekao: *„Kad odem da vam pripravim mjesto, vratit ću se da vas uzmem k sebi, i da vi budete gdje sam ja."* Isus želi da se očistite, baš kao što je čist i sâm Gospodin, i da se čvrsto držite te riječi nade.

Kad je Isus do kraja izvršio volju Božju, i to sve na Njegovu veliku slavu, Bog je proslavio Isusa i dao Mu novo ime: „Kralj nad kraljevima, Gospodar nad gospodarima." Isto tako, u onoj mjeri u kojoj budete slavili Boga na ovomu svijetu, utoliko će vas Bog voditi k slavi. U mjeri u kojoj budete nalikovali Bogu i koliko vas On bude ljubio, toliko ćete bliže živjeti prijestolju Božjemu na nebu.

Stanovi na nebu čekaju svoje gospodare, djecu Božju, baš

poput zaručnica koje se pripremaju da prime svoje zaručnike. I zato apostol Ivan piše u Otkrivenju 21,2: „*I vidjeh kako sveti Grad, novi Jeruzalem, silazi od Boga s neba opremljen poput zaručnice koja je nakićena za svoga muža.*"

Čak ni najbolja usluga prekrasne zaručnice na ovomu svijetu ne može se usporediti s ugodom i veseljem stanova na nebu. Stanovi na nebu imaju sve i omogućuju sve jer čitaju misli svojih gospodara kako bi oni u njima mogli zauvijek najsretnije živjeti.

U Mudrim izrekama 17,3 primjećuje se: „*Taljika je za srebro i peć za zlato, a srca iskušava Jahve sam.*" I zato molim u ime Gospodina Isusa Krista da shvatite da Bog iskušava ljude kako bi oni postali Njegovom pravom djecom, kako bi se posvetili s nadom u Novi Jeruzalem i kako bi silovito prisvajali nebo time što će biti vjerni u Božjem hramu.

Peto poglavlje

Kako ćemo živjeti na nebu?

1. Opći stil života na nebu
2. Odijevanje na nebu
3. Hrana na nebu
4. Prijevoz na nebu
5. Zabava na nebu
6. Slavljenje, obrazovanje i kultura na nebu

Ima i nebeskih tjelesa i zemaljskih tjelesa,
ali drugi je sjaj nebeskih,
a drugi zemaljskih.
Drugi je sjaj sunca,
a drugi mjeseca,
a drugi sjaj zvijezda,
jer se zvijezda od zvijezde razlikuje sjajem.

- Prva poslanica Korinćanima 15,40-41 -

Sreća na nebu ne može se usporediti ni s najboljim i najveličanstvenijim stvarima na ovome svijetu. Čak i ako uživate sa svojim najmilijima na plaži promatrajući zalazak sunca, ta je vrsta sreće samo trenutna i nije prava. U nekom kutku svojega uma još su uvijek brige o onome sa čime ćete se morati suočiti po povratku u svakodnevicu. Ako nastavite tako živjeti mjesec ili dva dana, ili čak godinu dana, uskoro će vam i to dosaditi i počet ćete tražiti nešto novo.

Međutim, život na nebu, gdje je sve bistro i prekrasno kao kristal, sâma je sreća jer je sve novo, tajanstveno, radosno i sretno bez prestanka. Možete uživati provodeći vrijeme s Bogom Ocem i Gospodinom Isusom ili se s užitkom baviti svojim hobijima, omiljenim igrama i svim ostalim zanimljivim stvarima do mile volje. Pogledajmo kako će živjeti djeca Božja kad odu u nebo.

1. Opći stil života na nebu

Kako se vaše fizičko tijelo bude pretvaralo u duhovno tijelo, koje se sastoji od duha, duše i tijela na nebu, počet ćete prepoznavati svoje supružnike, djecu i roditelje s ove zemlje. Također ćete prepoznavati i svojeg pastira ili svoje stado na ovoj zemlji. A sjećat ćete se i onoga što ste bili zaboravili na ovoj zemlji. Bit ćete veoma mudri jer ćete uspjeti prepoznati i spoznati volju Božju.

Možda se neki pitaju: 'Hoće li se na nebu vidjeti svi moji grijesi?' Tomu neće biti tako. Ako ste se već pokajali, Bog se neće sjećati vaših grijeha kako je istok daleko od zapada (Psalmi 103,12), nego će se sjećati samo vaših dobrih djela jer će u vrijeme kad vi budete na nebu svi vaši grijesi već biti oprošteni.

Pa kako ćete se, onda, promijeniti i živjeti kad odete na nebo?

Nebesko tijelo

Ljudi i životinje na ovoj zemlji imaju vlastite oblike pa se prepoznaju sva živa bića, bez obzira je li riječ o slonu, lavu, orlu ili čovjeku.

I baš kao što postoji tijelo vlastita oblika u ovom trodimenzionalnom svijetu, tako postoji jedinstveno tijelo i na nebu, što je četverodimenzionalan svijet. Ono se naziva nebeskim tijelom. Na nebu ćete se prepoznavati upravo po tom tijelu. Pa kako će, onda, izgledati nebesko tijelo?

Kad se Gospodin vrati u zraku, svaki od vas pretvorit će se u uskrsnulo tijelo, a to je duhovno tijelo. To uskrsnulo tijelo pretvorit će se u nebesko tijelo, koje se nalazi na višoj razini, nakon Velikog suda. Ovisno o plaći svakoga pojedinoga, razlikovat će se sjaj tih nebeskih tijela.

Nebesko tijelo ima i kosti i meso, baš kao i tijelo Isusovo odmah nakon Njegova uskrsnuća (Evanđelje po Ivanu 20,27), ali to je novo tijelo koje se sastoji od duha, duše i neraspadljivog tijela. Naše se raspadljivo tijelo pretvara u novo tijelo po riječi i snazi Božoj.

Nebesko se tijelo sastoji od vječnih i neraspadljivih kostiju i mesa i sjaji jer je osvježeno i čisto. Čak ako nekomu i nedostaje ruka ili noga ili ako je netko invalid, nebesko tijelo bit će savršeno tijelo.

Nebesko tijelo nije blijedo poput sjene, nego ima jasan oblik, a na njega ne utječu ni vrijeme niti mjesto. I upravo je zato Isus, kad se pojavio pred svojim učenicima poslije Njegova uskrsnuća, mogao slobodno prolaziti kroz zidove (Evanđelje po Ivanu 20,26).

Tijelo na ovoj zemlji ima bore i smežura se kad ostari, ali se nebesko tijelo osvježeno pretvara u neraspdaljivo tijelo kako bi zauvijek sačuvalo mladost i sijalo kao sunce.

Dob od trideset i tri godine

Mnogi se pitaju je li nebesko tijelo visine odrasle osobe ili malenog djeteta. Na nebu će svi, bez obzira jesu li preminuli mladi ili stari, biti u vječnoj mladosti od trideset i tri godine, što je dob Isusa Krista kad su Ga razapeli na ovoj zemlji.

A zašto nam Bog daje da na nebu zauvijek živimo u dobi od trideset i tri godine? Baš kao što i sunce najintezivnije sja u podne, tako je i dob od tridest i tri godine otprilike vrhunac svačijeg života.

Mlađi od trideset godina možda su pomalo neiskusni i nezreli, a stariji od četrdeset gube svoju energiju kako stare. Ali, u dobi od oko trideset i tri godine ljudi su zreli i prekrasni u svakom aspektu. Također, mnogi se od njih žene i udaju, rađaju i odgajaju djecu tako da u izvjesnoj mjeri razumiju roditeljsko srce Boga, koji kultivira ljudska bića na ovoj zemlji.

Tako vas Bog pretvara u nebeska tijela kako biste zauvijek na nebu zadržali mladost od trideset i tri godine, najljepše čovjekove godine.

Nema bioloških odnosa

Ako zauvijek živite na nebu izgledajući onako kako ste izgledali u trenutku kad ste napustili ovaj svijet, zar bi to bilo zanimljivo? Recimo da neki čovjek umre u dobi od četrdeset godina i ode na nebo. A da njegov sin umre i ode na nebo u dobi od pedeset godina, a da njegov unuk umre i ode na nebo u dobi od devedeset godina. Kad se sva trojica nađu na nebu, unuk bi bio najstariji, a djed bi bio najmlađi.

Stoga, na nebu, gdje Bog vlada svojom pravednošću i ljubavlju, svi će imati trideset i tri godine, a neće postojati biološki ni fizički odnosi koji su postojali na ovoj zemlji.

Na nebu nitko neće nikoga zvati 'ocem', 'majkom,' 'sinom' ili 'kćerkom' iako su na ovoj zemlji bili u odnosu roditelj – dijete. A to je zato što su svi braća i sestre jedni drugima kao djeca Božja. A budući da znaju da su na ovoj zemlji bili roditelji i djeca i da su silno ljubili jedni druge, onda mogu jedni za druge gajiti još posebniju ljubav.

Međutim, što ako majka ode u Drugo kraljevstvo na nebu, a njezin sin u Novi Jeruzalem? Naravno da na ovoj zemlji sin mora služiti majci. Međutim, na nebu majka će se klanjati sinu jer je on više nalik Bogu Ocu, a sjaj njegova nebeskog tijela intenzivmiji je od njezina.

Stoga, jedni druge ne nazivate imenima i titulama kojima ste se koristili na ovoj zemlji, nego vam Bog Otac daje nova, primjerenija imena koja za svakoga od vas imaju duhovno značenje. Čak i na ovoj zemlji Bog je promijenio ime Abram u Abraham, Saraja u Sara, a Jakov u Izrael, što znači da se borio s Bogom i pobijedio.

Razlika između muškaraca i žena na nebu

Na nebu nema brakova, ali se ipak muškarci i žene jasno raspoznaju. Kao prvo, muškarci su visine od 183 cm, a žene su 10-ak cm niže.

Neki brinu zbog svoje visine – da su preniski ili previsoki – ali na nebu nema mjesta takvoj zabrinutosti. Isto se tako nema smisla brinuti zbog težine jer će svatko imati naprikladniji i prekrasan oblik.

Nebesko tijelo ne osjeti težinu iako se čini teškim pa, čak ako netko hoda i po cvijeću, cvijeće se neće ni zgnječiti niti rasuti. Nebesko se tijelo ne može izvagati, ali ga ni vjetar ne može otpuhati jer je vrlo stabilno. Biti težak iako to ne osjetiš znači da to tijelo ima oblik i pojavu. To je kao kad podignete list papira – ne osjetite nikakvu težinu, ali znate da taj list ipak nešto teži.

Kosa je plava i blago valovita. Muškarcima kosa seže do vrata, ali se duljina kose kod žena razlikuje od žene do žene. Duga kosa za ženu znači da je primila velike nagrade, a najdulja kosa seže do struka. Dakle, ženi je dika ako nosi dugu kosu (Prva poslanica Korinćanima 11,15).

Na ovoj se zemlji većina žena nada i nastoji imati bijelu i mekanu kožu. Na kožu nanose kozmetičke proizvode ne bi li je očuvali zategnutom i mekanom bez ijedne bore. Na nebu će, međutim, svi imati besprijekornu kožu koja je toliko bijela i čista te sjaji svjetlom slave.

Štoviše, kako na nebu nema zla, nema ni potrebe za nošenjem šminke ili za zabrinutošću zbog vanjskog izgleda jer ondje sve izgleda prekrasno. Svjetlo slave koje izlazi iz nebeskog tijela sijat će bijelo, čisto i sjajno u onoj mjeri u kojoj se svatko u potpunosti posvetio i nalikuje srcu Gospodinovu. Također, time se odlučuje o redu i red se time održava.

Srce nebeskih ljudi

Ljudi u nebeskom tijelu imaju srce koje je sami Duh, koji je božanske naravi i uopće nema zla u sebi. I baš kao što ljudi žele posjedovati i dodirivati ono što je dobro i lijepo na ovoj zemlji, čak i srce ljudi s nebeskim tijelom želi osjećati ljepotu drugih, gledati ih i oduševljeno ih dodirivati. Međutim, tu uopće nema požude ni zavisti.

Također, ljudi se mijenjaju ovisno o vlastitoj koristi na ovoj zemlji, a zamaraju ih stvari, čak i kad su to lijepe i dobre stvari. U srcima ljudi s nebeskim tijelom nema prefriganosti i ono se nikada ne mijenja.

Primjerice, ljudi na ovoj zemlji, ako su siromašni, mogu s užitkom jesti čak i jeftinu hranu slabije kvalitete. Kad se malo obogate, ne zadovoljavaju se više onime što su prije jeli s užitkom i neprestano traže bolju hranu. Ako djetetu kupite novu igračku, ono će ispočetka biti vrlo sretno, ali će nakon nekoliko dana prema njoj osjećati odbojnost i tražit će novu igračku. Međutim, na nebu nema takvog misaonog sklopa pa, ako ti se nešto jedanput svidi, uvijek će ti se sviđati.

2. Odijevanje na nebu

Možda neki misle da će odjeća na nebu biti ista kao i na zemlji, ali tomu ipak nije tako. Bog je Stvoritelj i Pravedni Sudac koji nam daje plaću ovisno o tomu što smo činili. Stoga, baš kao što se razlikuju i plaće na nebu, tako će se razlikovati i odjeća ovisno o djelima na ovoj zemlji (Otkrivenje 22,12). Pa kakvu ćete, onda, odjeću odijevati i kako ćete je ukrašavati na nebu?

Nebeska odjeća različitih boja i uzoraka

U načelu, na nebu svi nose svijetlu, bijelu i sjajnu odjeću. Mekana je poput svile i tako lagana kao da nema težine, a prekrasno pada.

Budući da se razlikuju stupnji u kojima se ljudi posvete, razlikuju se i svjetla koja izlaze iz odjeće i njihova svjetlina. Što je čovjek više nalik svetom srcu Božjem, to će svjetlije i sjajnije sijati njegova odjeća.

Isto tako, ovisno o tomu koliko ste radili za kraljevstvo Božje i koliko ste Ga veličali, bit će Vam dane različite vrste odjeće različitih uzoraka i materijala.

Na ovoj zemlji ljudi nose različite vrste odjeće, ovisno o svojem društvenom i ekonomskom statusu. Slično tomu, na nebu ćete nositi odjeću u više boja i uzoraka što ćete dospijevati na viši položaj na nebu. Isto se tako razlikuju i frizure i modni dodaci.

Štoviše, u drevna su vremena ljudi prepoznavali društene klase jedni drugih upravo po bojama svoje odjeće. Na isti taj način i ljudi na nebu mogu prepoznati položaj i plaće koji se svakome od nas daju na nebu. Nošenje odjeće određenih boja i uzoraka koji se razlikuju od drugih znači da je ta osoba primila veću slavu.

Dakle, oni koji uđu u Novi Jeruzalem ili koji pridonesu mnogo kraljevstvu Božjem, primit će najljepšu, najraznobojniju i najsjajniju odjeću.

S druge strane, ako niste Bog zna što učinili za kraljevstvo Božje, na nebu ćete dobiti svega par haljina. I tomu nasuprot: ako ste marljivo radili s mnogo vjere i ljubavi, dobit ćete bezbroj haljina raznih boja i uzoraka.

Nebeska odjeća s različitim ukrasima

Bog će svakome dati odjeću s različitim ukrasima kako bi pokazao slavu svakoga od nas. I baš kao što su kraljevske obitelji iz prošlosti pokazivale svoje položaje stavljanjem posebnih ukrasa na svoju odjeću, tako će i odjeća na nebu različitim ukrasima pokazivati naš nebeski položaj i slavu.

Ima ukrasa zahvalnosti, veličanja, molitve, radosti, slave i tako dalje, koji se mogu našiti na odjeću na nebu. Kad u ovom životu pjevate hvalospjeve sa zahvalnošću na ljubavi i milosti Boga Oca i Gospodina ili kada pjevate kako biste veličali Boga, On prima Vaše srce kao prekrasnu aromu i na Vašu odjeću na nebu stavlja ukrase veličanja.

Ukrasi radosti i zahvalnosti našivaju se na odjeću onih koji su bili istinski radosni i zahvalni u svojim srcima, prisjećajući se milosti Boga Oca koji nam je dao život vječni i kraljevstvo nebesko, čak i tijekom patnji i kušnji na ovoj zemlji.

Nadalje, ukrasi molitve stavljaju se na odjeću onih koji su cijeli život molili za kraljevstvo Božje. Međutim, među svim tim ukrasima najljepši je ukras slave. Njega je najteže zaslužiti. On se daje samo onima koji su iz dubine svojih istinoljubivih srca učinili sve za slavu Božju. I baš kao što kralj ili predsjednik države nagrađuju posebnim odličjem ili odličjem časti vojnika koji je vjerno služio, tako se i ovaj ukras slave daje poglavito onima koji su mukotrpno radili za kraljevstvo Božje i koji su Ga slavili. Dakle, onaj koji odjene odjeću s ukrasom slave jedan je od najplemenitijih u cijelom kraljevstvu nebeskom.

Nagrade u vidu vijenaca i dragulja

Mnoštvo je dragulja na nebu. A neki dragulji daju se kao nagrade i stavljaju se na odjeću. U Otkrivenju stoji da Gospodin nosi zlatni vijenac i tkanicu preko prsa, a to su isto tako nagrade koje Mu je dao Bog.

U Bibliji se spominje više vrsta vijenaca. Razlikuju se kriteriji po kojima se vijenci dobivaju i vrijednost tih vijenaca jer se oni daju kao nagrade.

Mnogo je vrsta vijenaca koji se daju već prema djelima svakoga od nas, kao što je neraspadljiv vijenac koji se daje onima koji trče u trkalištu (Prva poslanica Korinćanima 9,25), vijenac – slava koji se daje onima koji su slavili Boga (Prva Petrova poslanica 5,4), vijenac života koji se daje onima koji su bili vjerni do smrti (Jakovljeva poslanica 1,12; Otkrivenje 2,10), zlatni vijenac koji nose 24 Starca oko Prijestolja Božjeg (Otkrivenje 4,4; 14,14) i vijenac pravednosti za kojim je čeznuo apostol Pavao (Druga poslanica Timoteju 4,8).

Isto tako, brojni su i oblici tih vijenaca koji se ukrašavaju draguljima, kao što su vijenac urešen zlatom, vijenac od cvijeća, biserni vijenac i tako dalje. Po vrsti vijenca koji netko primi možete raspoznavati njegovu svetost i nagrade.

Na ovoj zemlji svi koji imaju novac mogu kupiti dragulje, ali na nebu dragulje možete imati samo ako su vam dani kao nagrada. Čimbenici, poput broja ljudi koje ste odveli na put spasenja, količine prinosa koju ste prinijeli čistog srca i razmjera vaše vjernosti određuju koje će vam različite vrste nagrada biti dane. Stoga se i dragulji i vijenci moraju razlikovati jer se oni daju već prema našim djelima. Isto se tako razlikuju i blistavost, ljepota, raskoš i broj dragulja i vijenaca.

Isti je slučaj i sa stanovima na nebu. Ti se stanovi na nebu razlikuju već prema vjeri svakoga od nas. A razlikuju se i veličina, ljepota, blistavost zlata i drugih dragulja za osobne kuće. Detaljni pogled na dragulje za nebeske stanove bacit ćemo od 6. poglavlja.

3. Hrana na nebu

Kad su prvi ljudi Adam i Eva živjeli u Edenskome vrtu, jeli su samo voće i bilje što se sjemeni (Knjiga postanka 1,29). Međutim, kad je Adam izgnan iz Edenskoga vrta zbog svojega neposluha, počeli su jesti i poljske biljke. Poslije velikog potopa ljudima je dopušteno da jedu meso. I tako, baš kao što je čovjek postajao zločestijim, sukladno tomu mijenjala se i vrsta hrane.

Pa što ćemo, onda, jesti na nebu, gdje nema nikakvoga zla? Možda se neki pitaju mora li nebesko tijelo uopće više jesti. Na nebu možete piti Vodu života i jesti ili mirisati mnogobrojno voće kako bi vas to razveselilo.

Disanje nebeskog tijela

Baš kao što ljudi na ovoj zemlji dišu, tako i nebeska tijela dišu na nebu. Naravno da nebeska tijela uopće ne moraju disati, ali se tijekom disanja mogu odmarati, baš kao što dišemo na ovoj zemlji. Dakle, ona mogu disati ne samo nosom i ustima, nego i svojim očima i svim tjelesnim stanicama, pa čak i svojim srcima.

Bog udiše dah u naša srca jer je On sâmi Duh. Bile su Mu mile žrtve pravednika i On omirisa miris ugodni iz njihovih srca u doba Starog zavjeta (Knjiga postanka 8,21). U Novom zavjetu Isus, koji je čist i bez prijekora, predao je sebe sâmoga za nas kao prinos i kao žrtvu koja se sviđa Bogu kao ugodni miris (Poslanica Efežanima 5,2).

Dakle, Bog prima miris vaših srca kada Ga slavite, kad molite ili kad Ga pjesmom veličate iskrena srca. I baš u onoj mjeri u kojoj vi postajete nalik Gospodinu i postajete pravedni, i vi možete širiti miris Kristov, a zauzvrat bivate primljeni kao dragocjeni prinos Bogu. Bog prima vaše slavljenje i molitve sa zadovoljstvom upravo putem disanja.

U Evanđelju po Mateju 26,29 vidimo da se Gospodin moli za vas otkako je uzašao na nebo, a da pritom već dva tisućljeća nije ništa jeo ni pio. Slično tomu, i nebeska tijela mogu živjeti na nebu bez jela ili disanja. I vi ćete sami živjeti vječno kada odete na nebo jer ćete se preobraziti u duhovno tijelo koje nikada ne proprada.

Međutim, kad nebesko tijelo diše, ono doživljava više radosti i zadovoljstva, a duh se pomlađuje i obnavlja. I baš kao što ljudi uravnotežuju svoju prehranu kako bi održali svoje zdravlje dobrim, tako i nebeska tijela uživaju u udisanju ugodnih mirisa na nebu.

Pa kad raznovrsno cvijeće i voće ispušta razne mirise, nebeska tijela udišu te mirise. Čak i kad bi cvijeće uvijek odisalo istim mirisom, nebeska bi tijela uvijek bila sretna i zadovoljna.

Štoviše, kad nebeska tijela udahnu prekrasan miris cvijeća i voća, taj se miris upija u njihovo tijelo poput parfema. I tada tijelo odiše istim tim mirisom sve dok ga potpuno ne nestane. Kao što se vi dobro osjećate kada se namirišete parfemom na ovoj zemlji, tako su i nebeska tijela sretnija na nebu kad pomirišu te prekrasne mirise.

Pražjenje putem daha

Pa kako, onda, ljudi jedu i nastavljaju živjeti na nebu? U Bibliji vidimo da se Gospodin ukazao svojim učenicima poslije uskrsnuća i dahnuo u njih (Evanđelje po Ivanu 20,22) ili da je jeo (Evanđelje po Ivanu 21,12-15). Razlog zbog kojega je uskrsli Gospodin jeo nije zato što je bio gladan, nego zato što je sa svojim učenicima želio podijeliti svoju radost i poručiti vam da ćete i vi, kao nebeska tijela, jesti i na nebu. I zato je i u Bibliji zabilježeno da je Isus Krist doručkovao kruha i ribe i nakon uskrsnuća.

A zašto nam, onda, Biblija govori da je Gospodin dahnuo u svoje učenike, čak i nakon svojega uskrsnuća? Kada jedete na nebu, hrana se smjesta otapa i izbacuje se putem daha. Na nebu se hrana rastopi istog časa i napušta tijelo putem daha. Tako da nema potrebe za nuždom ili zahodima. Kako je to samo ugodno i čudesno da konzumirana hrana napušta tijelo putem daha u vidu mirisa i da se otapa!

4. Prijevoz na nebu

Kroz povijest čovječanstva, kako su se razvijale civilizacija i znanost, otkrivana su sve brža i sve udobnija prijevozna sredstva, kao što su kočije, kola, automobili, brodovi, vlakovi, zrakoplovi i tako dalje.

I na nebu postoje brojna prijevozna sredstva. Postoji i sustav javnog prijevoza, kao što je nebeski vlak, i privatna prijevozna sredstva, kao što su automobil-oblaci i zlatna kola.

Na nebu se nebeska tijela kreću vrlo brzo ili čak lete izvan prostora i vremena, ali je zabavnije i ljepše koristiti se prijevozom koji se dobije za nagradu.

Putovanje i prijevoz na nebu

Kako bi bilo veselo i sretno kad biste mogli putovati i razgledati cijelo nebo i vidjeti prekrasne i čudesne Božje tvorevine!

Svaki kutak neba posjeduje jedinstvenu ljepotu, pa možete uživati u svakom njegovom dijelu. Međutim, budući da se srce nebeskih tijela nikada ne mijenja, njima nikad nije dosadno niti se umore posjećujući uvijek jedno te isto mjesto. Tako je putovanje na nebu uvijek zabavno i zanimljivo.

Nebeska tijela ne moraju, zapravo, biti ni u jednom prijevoznom sredstvu jer se nikad ne iscprljuju, a mogu čak i letjeti. Međutim, ipak je uporaba različitih vozila puno udobnija. To je baš kao što je vožnja autobusom udobnija od hodanja, a vožnja taksijem ili osobnim vozilom udobnija od vožnje autobusom ili podzemnom željeznicom na ovoj zemlji.

Dakle, ako se vozite nebeskim vlakom, ukrašenim brojnim raznobojnim draguljima, možete dospjeti na svoje odredište, čak i bez željeznice, a možete se slobodno micati lijevo i desno, pa čak gore i dolje.

Kada ljudi iz Raja budu išli u Novi Jeruzalem, vozit će se nebeskim vlakom jer su ta dva mjesta znatno udaljena jedno od drugoga. A to je za putnike veliko uzbuđenje. U tom letu kroz blistava svjetla mogu kroz prozore vidjeti prekrasne nebeske scenarije. A još su i sretniji na samu pomisao da će vidjeti Boga Oca.

Među nebeskim prijevoznim sredstvima postoje zlatna kola u kojima se vozi posebna osoba u Novom Jeruzalemu kada obilazi nebo. Ta kola imaju bijela krila, a unutar njih je gumb. Pomoću tog gumba kola se kreću posve automatizirano, a mogu voziti ili čak i letjeti, po želji vlasnika.

Automobil-oblak

Oblaci na nebu su poput ukrasa koji još više rese ljepotu neba. Pa kada nebesko tijelo putuje na razna mjesta okruženo oblacima, tijelo mu blista više nego kad se kreće bez oblaka. A tako i drugi mogu osjetiti i poštivati dostojanstvo, slavu i autoritet duhovnog tijela okruženog oblacima.

Biblija nam govori da Gospodin dolazi na oblacima (Prva poslanica Solunjanima 4,16-17), i to zbog toga što je dolazak na oblacima slave veličanstveniji, dostojanstveniji i ljepši od dolaska u zraku bez ičega. Isto tako, zbog toga i postoje oblaci na nebu kako bi slava djece Božje bila još veća.

Ako vam bude dopušteno ući u Novi Jeruzalem, možda ćete posjedovati čudesni automobil-oblak. To nije oblak koji tvori para, poput ovoga na zemlji, nego je načinjen od oblaka slave na nebu.

Taj automobil-oblak pokazuje slavu, dostojanstvo i autoritet svojeg vlasnika. Međutim, ne može svatko posjedovati automobil-oblak jer se on daje samo onima kojima je dopušteno ući u Novi Jeruzalem jer su u cijelosti posvećeni i bili vjerni u Božjoj kući.

Oni koji uđu u Novi Jeruzalem mogu ići bilo kamo s Gospodinom, vozeći se u tom automobilu-oblaku. Tijekom vožnje prate ih i služe im nebeske vojske i anđeli. Baš kao što brojni ministri služe kralja ili kraljevića dok su na putu. Dakle, pratnja i služba nebeske vojske i anđela još su jedan pokazatelj autoriteta i slave vlasnika.

Automobil-oblake obično voze anđeli. Postoje jednosjedi za privatnu uporabu, ali i višesjedi u kojima se mnogo ljudi može zajedno voziti. Kada netko u Novom Jeruzalemu igra golf i kreće se po terenu, automobil-oblak dolazi i zaustavlja se pred nogama gospodara. A kad gospodar uđe, vozilo se za tren pomakne nježno sve do lopte.

Zamislite kako letite na nebu, vozeći se u automobil-oblaku dok vas prate nebeske vojske i anđeli u Novom Jeruzalemu. Pa onda zamislite kako se vozite u automobil-oblaku zajedno s Gospodinom ili kako se vozite po prostranom nebu u nebeskom vlaku sa svojim najmilijima. Vjerojatno će vas preplaviti veselje.

5. Zabava na nebu

Možda neki misle da nije baš zabavno živjeti kao nebesko tijelo, ali tomu ipak nije tako. Zabava u ovom našem tjelesnome svijetu možda će vas umoriti ili vas neće do kraja zadovoljiti, ali u duhovnom svijetu „zabava" je uvijek nova i osvježavajuća.

Pa čak i u ovome svijetu – što više postignete čisti duh, to ćete moći osjetiti dublju ljubav i to ćete biti sretniji. Na nebu, ne samo da možete uživati u svojim hobijima, nego i u raznovrsnoj zabavi, koja je neusporedivo veselija od bilo kojeg vida zabave na ovoj zemlji.

Uživanje u hobijima i igrama

Baš kao što ljudi na ovoj zemlji razvijaju svoje talente i obogaćuju svoje živote svojim hobijima, tako i na nebu možete imati hobije i uživati u njima. Možete se naslađivati ne samo onime što ste voljeli raditi na ovoj zemlji, nego i onime u čemu ste se sustezali uživati kako biste što je moguće više vršili Božju volju. A možete učiti i nešto novo.

Oni koje zanimaju glazbala mogu slaviti Boga sviranjem harfe. Ili možete naučiti svirati klavir, flautu i mnoga druga glazbala, a to možete jako brzo savladati jer svi postajemo mudriji na nebu.

Možete i razgovarati s prirodom i nebeskim zvijerima kako biste se još više razveselili. Čak i biljke i životinje prepoznaju djecu Božju, pozdravljaju ih i iskazuju im ljubav i poštivanje.

Nadalje, možete uživati i u brojnim sportovima, kao što su tenis, košarka, kuglanje, golf i let zmajem, ali ne i u sportskim događanjima, kao što su hrvanje ili boks, koji mogu naškoditi drugima. Prostori i oprema uopće nisu opasni. Svi su načinjeni od čudesnih materijala i ukrašeni zlatom i draguljima kako biste, baveći se sportom, još više uživali i veselili se.

Isto tako, i sportska oprema prepoznaje srca ljudi i daje im više veselja. Primjerice, ako uživate u kuglanju, kugle ili čunjevi mijenjaju boje, a mijenjaju i položaj i udaljenost po vašoj želji. Čunjevi padaju uz prekrasna svjetla i radosne povike. Ako želite namjerno izgubiti i pustiti partnera da vas pobijedi, čunjevi se miču već prema vašoj želji i tako vas još više usrećuju.

Na nebu nema zla koje želi pobijediti ili poraziti nekoga drugoga. Davanje više zadovoljstva i koristi drugim igračima znači pobijediti u igri. Možda će neki preispitivati značenje igre u kojoj nema ni pobjednika ni gubitnika, ali na nebu ne postajete zadovoljni kada nekoga pobijedite. Sâmo sudjelovanje u igri je čisto veselje.

Naravno da su tu i neke igre kod kojih ipak bivate zadovoljni zbog dobrog i poštenog natjecanja. Primjerice, postoji igra u kojoj možete pobijediti ovisno o tomu koliko mirisa udahnete iz cvijeta, kako ih pomiješate na najbolji način i kako odišete najboljim mirisom, i tome slično.

Razne vrste zabave

Neki od onih koji vole igre pitaju ima li na nebu automata za igre. Naravno da ima mnogo igara u kojima se može puno više uživati nego u ovima na zemlji.

Od igara na nebu, za razliku od ovih na zemlji, ne možete se nikada umoriti niti se vaš vid može pogoršati. Nikad vam neće dosaditi. Umjesto toga, pomlađuju vas i ostavljaju mirnima kasnije. Kada pobijedite ili dobijete najbolji rezultat, imate osjećaj najvećeg zadovoljstva i nikada ne gubite zanimanje.

Ljudi su na nebu u nebeskim tijelima, pa se nikad ne plaše da će pasti s naprava u luna parku, kao što je roller coaster. Osjećaju samo uzbuđenost i zadovoljstvo. Tako da čak i oni koji na ovoj zemlji pate od akrofobije mogu u tome uživati na nebu koliko god im volja.

Čak i ako padnete s roller coastera, nećete se ozlijediti jer ste u nebeskom tijelu. Past ćete na tlo vrlo sigurno, poput majstora neke borilačke vještine, ili će vas anđeli zaštititi. Zamislite samo kako se vozite na roller coasteru, vrištite zajedno s Gospodinom i svojima najmilijima. Kako bi to bilo veselo i prekrasno!

6. Slavljenje, obrazovanje i kultura na nebu

Na nebu nije potrebno raditi za hranu, odjeću i stan. Neki će se možda pitati: „Pa što ćemo činiti cijelu vječnost? Zar nećemo postati bespomoćni džabalebaroši?" Međutim, nema razloga za brigu.

Na nebu ima toliko toga u čemu možete sretno uživati. Mnoge su vrste zanimljivih i uzbudljivih aktivnosti i događanja, kao što su igre, obrazovanje, misna slavlja, zabave i festivali, putovanja i sportovi.

Vi ne morate niti ste prisiljeni sudjelovati u tim aktivnostima. Svi sve rade dragovoljno, i to s veseljem jer sve čime se bavite donosi vam obilje sreće.

Misno slavlje u veselju pred Bogom Stvoriteljem

Baš kao što idete na misna slavlja i slavite Boga u određeno vrijeme na ovoj zemlji, tako ćete i na nebu slaviti Boga u točno određeno vrijeme. Naravno, Bog je propovjednik poruke i u Njegovoj poruci učite o podrijetlu Božjem i duhovnom kraljevstvu koje nema ni početka ni kraja.

Općenito gledano, najuspješniji u svojem studiju raduju

se predavanjima i susretima s učiteljem. Pa se tako i u životu vjere oni koji ljube Boga i slave Ga u duhu i istini vesele raznim misnim slavljima i slušanju glasa pastira koji propovijeda riječ života.

Kada uađete na nebo, radovat ćete se i veseliti slavljenju Boga i željno iščekivati da čujete Božju riječ. Božju riječ možete slušati na misnim slavljima, u razgovorima s Bogom ili slušanjem riječi Gospodnje. A tu je i vrijeme za molitvu. Međutim, ne kleči se i ne moli se zatvorenim očima, kao na ovoj zemlji. To je vrijeme za razgovor s Bogom. Molitve na nebu su razgovori s Bogom Ocem, Gospodinom i Duhom Svetim. Kako će samo biti sretni i veseli ti trenuci!

Boga možete slaviti kao što to činite na ovoj zemlji. Međutim, to se ne čini ni na jednom ovozemaljskom jeziku, nego ćete Boga slaviti novim pjesmama. Oni koji su zajedno prošli kroz kušnje ili članovi iste crkve na ovoj zemlji okupljaju se predvođeni svojim pastirom kako bi slavili Boga i uživali u društvu jedni drugih.

Pa kako, onda, ljudi slave Boga zajedno na nebu, posebno zbog toga što su njihovi nebeski stanovi na različitim mjestima diljem neba? Na nebu se svjetla svakog nebeskog tijela razlikuju u svakom nebeskom stanu tako da oni pozajmljuju odgovarajuću odjeću da bi išli na druga mjesta više razine. Dakle, da bi nazočili misnom slavlju u Novom Jeruzalemu, koji je prekriven svjetlom slave, svi ljudi iz drugih mjesta moraju pozajmiti odgovarajuću odjeću.

Usput budi rečeno, baš kao što možete gledati isto misno slavlje putem satelita u cijelom svijetu u isto vrijeme, to možete činiti i na nebu. Možete nazočiti misnom slavlju u Novom Jeruzalemu ili ga gledati iz svih drugih mjesta na nebu, ali je ekran na nebu toliko prirodan da ćete imati osjećaj da osobno nazočite misnom slavlju.

Isto tako, možete pozvati praoce naše vjere, kao što su Mojsije i apostol Pavao, i slaviti misno slavlje zajedno s njima. Međutim, da biste pozvali te plemenite osobe, ipak morate imati odgovarajući duhovni autoritet.

Učenje novih i dubokih duhovnih tajni

Djeca Božja uče mnoge duhovne stvari dok se kultiviraju na ovoj zemlji, ali ono što nauče ovdje tek je korak prema nebu. Nakon što uziđu na nebo, počinju učiti o novome svijetu.

Primjerice, kad oni koji vjeruju u Isusa Krista umru, oni, osim onih koji idu u Novi Jeruzalem, ostaju u području koje se nalazi na rubu Raja i ondje počinju učiti bonton i pravila u nebu od anđela.

I baš kao što ljudi na ovoj zemlji moraju biti obrazovani kako bi se prilagodili društvu kako rastu, da biste živjeli u novom svijetu duhovnoga kraljevstva, moraju vas u pojedinosti podučiti načinu ponašanja.

Možda se neki pitaju zašto i dalje moraju učiti i na nebu kad već uče toliko toga ovdje na zemji. Učenje na ovoj zemlji je proces duhovne obuke, a pravo učenje počinje tek nakon što uziđete na nebo.

Slično tomu, nema kraja učenju jer je kraljevstvo Božje bezgranično i traje u vječnost. Bez obzira na to koliko učite, nikada ne možete sve spoznati o Bogu koji je od početka. Nikad ne možete u cijelosti spoznati dubinu Boga koji postoji odvajkada, koji nadzire cijeli svemir i sve u njemu i koji će tu biti u vječnost.

Stoga, vidite da je tu bezbroj stvari koje treba naučiti kada uđete u beskrajno duhovno kraljevstvo, a duhovno je učenje vrlo zanimljivo i zabavno, za razliku od nekog učenja na ovome svijetu.

Štoviše, duhovno učenje nikada nije prisilno i ne postoje ispiti. Nikada ne zaboravljate što ste naučili, pa to nikada nije teško ni iscrpljujuće. Na nebu vam nikada neće biti dosadno niti ćete biti besposleni. Jednostavno će vas veseliti učenje čudesnih i novih stvari.

Zabave, domjenci i priredbe

Na nebu su i raznovrsne zabave i predstave. Te su zabave vrhunac zadovoljstva na nebu. Upravo na njima uživate i veselite se gledajući bogatstvo, slobodu, ljepotu i slavu neba na prvi pogled.

Baš kao što se ljudi na ovoj zemlji najljepše ukrašavaju da bi otišli na najprestižnije zabave, i da bi ondje jeli, pili i uživali samo u najboljemu, tako i na nebu možete imati zabave s ljudima koji se ukrašavaju na najljepši način. Te su zabave ispunjene prekrasnim plesovima, pjesmama i zvucima smijeha sreće.

A tu su i mjesta poput Carnegie Halla u New York Cityju ili operne kuće Sydney Opera House u Australiji, gdje možete uživati u različitim predstavama. Cilj predstava na nebu nije hvaljenje pojedinaca, nego isključivo slavljenje Boga, davanje radosti i veselja Gospodinu i njihovo dijeljenje s drugima.

Izvođači su uglavnom oni koji su Boga naveliko slavili hvalospjevima, plesovima, glazbalima i glumom na ovoj zemlji.

Katkad ti ljudi smiju izvoditi iste glazbene komade koje su izvodili i na ovoj zemlji. Ili, oni koji su na ovoj zemlji željeli to činiti, ali nisu to mogli u danim okolnostima, sada na nebu mogu slaviti Boga novim pjesmama i plesovima.

Isto tako, postoje i kina u kojima možete gledati filmove. U Prvom ili Drugom Kraljevstvu filmovi se obično gledaju u javnim kinima. U Trećem Kraljevstvu i Novom Jeruzalemu svaki stanovnik ima vlastito kino kod kuće. Ljudi mogu gledati filmove sami ili mogu pozvati svoje najmilije da zajedno gledaju film i uživaju u grickalicama.

U Bibliji apostol Pavao bio je na Trećem Nebu, ali to nije smio otkriti drugima (Druga poslanica Korinćanima 12,4). Vrlo je teško postići da ljudi razumiju nebo jer to nije svijet koji ljudi dobro poznaju ili razumiju. Umjesto toga, velika je vjerojatnost da će to ljudi pogrešno shvatiti.

Nebo pripada duhovnom kraljevstvu. Mnogo toga ne možete razumjeti niti zamisliti o nebu, koje je prepuno sreće i veselja kakve nikada ne možete doživjeti na ovoj zemlji.

Bog je za vas pripravio takvo prekrasno nebo i potiče vas putem Biblije da ispunite sve uvjete da u njega i uzađete.

Stoga, u ime Gospodnje molim da primite Gospodina s veseljem i s ispunjenim uvjetima koji su potrebni da biste postali Njegovom prelijepom zaručnicom pri Njegovu ponovnom dolasku.

Šesto poglavlje

Raj

1. Ljepota i sreća u Raju
2. Kakvi ljudi idu u Raj?

On [Isus] mu odvrati:
„Zaista, kažem ti,
danas ćeš sa mnom biti u raju."

- Evanđelje po Luki 23,43 -

Svi oni koji vjeruju da je Isus Krist njihov osobni Spasitelj i svi čija su imena zapisana u knjizi života moći će uživati u životu vječnomu na nebu. Međutim, već sam objasnio da postoje koraci u rastu vjere te da će nebeski stanovi, vijenci i nagrade koji se daju na nebu ovisiti o mjeri vjere svakoga pojedinoga.

Oni čije je srce više nalik srcu Božjemu živjet će bliže prijestolju Božjem, a što budu dalje od prijestolja Božjega, to će manje naličiti srcu Božjemu.

Raj je mjesto najudaljenije od prijestolja Božjega u kojemu je najslabije svjetlo slave Božje, a to je ujedno i najniža razina na nebu. Pa ipak je neusporedivo ljepši od ove zemlje, mnogo ljepši čak i od Edenskoga vrta.

Pa kakvo je, onda, mjesto Raj i kakvi to ljudi idu onamo?

1. Ljepota i sreća u Raju

Područje na rubu Raja koristi se kao Čekaonica sve do Sudnjega dana Bijelog prijestolja (Otkrivenje 20,11-12). Osim onih koji su već otišli u Novi Jeruzalem, nakon što su zadobili srce Božje, i koji sada pomažu u vršenju Božje volje, svi ostali spašeni od početka čekaju u području na rubu Raja.

Tako vidite da je Raj toliko prostran da se područja oko njegova ruba koriste kao Čekaonica za toliko mnogo ljudi. Premda je taj prostrani Raj najniža razina neba, još uvijek je to neusporedivo ljepše i sretnije mjesto od ove zemlje, mjesta koje je Bog prokleo.

Nadalje, budući da je to mjesto u koje će ući oni koji su kultivirani na ovoj zemlji, u njemu je mnogo više sreće i veselja nego u Edenskome vrtu u kojemu je živio prvi čovjek Adam.

Bacimo pogled na ljepotu i sreću Raja koju nam je Bog otkrio i obznanio.

Prostrane doline pune prekrasnih životinja i biljaka

Raj je poput prostrane doline, na kojoj rastu dobro uređeni travnjaci i prekrasni vrtovi. Brojni anđeli održavaju ta mjesta i brinu se o njima. Pjev ptica toliko je čist i jasan i odzvanja diljem Raja. Te ptice liče na ovozemaljske ptice, ali su malo veće i imaju ljepše perje. Njihov grupni pjev je prekrasan.

Isto tako, i drveće i cvijeće u vrtovima je svježe i predivno. Drveće i cvijeće na ovoj zemlji umire kako vrijeme prolazi, ali u Raju drveće je uvijek zeleno, a cvijeće nikada ne vene. Kad mu ljudi pristupe, cvijeće se smiješi, a ponekad odiše svojim jedinstvenim i prekrasnim mirisom na velike udaljenosti.

Svježe drveće rađa mnogovrsnim plodovima. Ti su plodovi malo veći od plodova na ovoj zemlji. Kora im je sjajna i izgledaju vrlo ukusni. Ne morate ljuštiti koru jer nema ni prašine niti crva. Kako je samo prekrasan i veseo prizor u kojemu ljudi sjede uokolo prekrasne doline i razgovaraju, a kraj njih su košare prepune ukusnog voća?

Isto tako, u toj prostranoj dolini mnoštvo je životinja. Među njima su i lavovi koji se mirno hrane travom. Oni su mnogo veći od lavova na ovoj zemlji, ali uopće nisu agresivni. Zapravo su prekrasni jer su blage naravi i čiste, sjajne dlake.

Mirno teče rijeka, Voda života

Rijeka, Voda života, teče kroz cijelo nebo, od Novog Jeruzalema do Raja, i nikad ne ispari niti se može onečistiti. Voda iz te rijeke, koja izvire ispod Prijestolja Božjeg i sve obnavlja, predstavlja srce Božje. To je čisti i prelijepi um koji je bez prijekora, bez grijeha i upravo savršen bez ikakve tame. Srce Božje je savršeno i potpuno u svemu.

Rijeka, Voda života, koja mirno teče nalik je svjetlucavoj morskoj vodi koja za sunčana dana reflektira sunčevu svjetlost. Ona je tako čista i prozirna da se ne može usporediti ni s kakvom drugom vodom na ovoj zemlji. S udaljenosti se čini da je plave boje, baš poput duboke plave vode Sredozemnog mora ili Atlantskog oceana.

Na putovima s obje strane Rijeke, Vode života, prekrasne su klupe. Oko tih klupa su stabla života koja rađaju plodom svaki mjesec. Plodovi stabala života veći su od plodova na ovoj zemlji, a miris i okus su im toliko prekrasni da se to ne može opisati. Kad ih stavite u usta, tope se poput šećerne vune.

U Raju nema osobne imovine

Ljudi u Raju nose bijelu odjeću istkanu u jednom komadu, ali nema ukrasa poput broševa za odjeću ili tijara ili ukosnica za kosu. I to zato što ti ljudi nisu učinili ništa za kraljevstvo Božje dok su živjeli na ovoj zemlji.

Slično tomu, budući da nitko od onih koji idu u Raj ne prima nikakvu nagradu, u Raju nema ni vlastitih kuća, vijenaca, ukrasa ni anđela koji su im dodijeljeni na službu. Ima samo mjesta za duhove koji žive u Raju. Oni žive ondje služeći jedni drugima.

Slično je to Edenskome vrtu, u kojemu također nema vlastitih kuća za svakog stanovnika, ali je velika razlika u razini sreće između ta dva mjesta. Ljudi u Raju Boga mogu zvati „Abba, Oče" jer su priznali Isusa Krista i primili Duha Svetoga, pa osjećaju sreću koja se ne može ni usporediti sa srećom u Edenskome vrtu.

Stoga je pravi blagoslov i dragocjenost da se rodite u ovome svijetu, iskusite svakovrsno dobro i zlo, postanete prava djeca Božja i zadobijete vjeru.

Raj pun sreće i veselja

Čak je i život u Raju ispunjen srećom i veseljem u okviru istine jer nema zla i svatko nastoji postići prvo korist za drugoga. Nitko nikome ne nanosi zlo nego samo služe jedni drugima s ljubavlju. Kako će samo prekrasan biti takav život!

Štoviše, kako se ne morate brinuti za stan, odijelo i hranu te zahvaljujući samoj činjenici da ondje nema suza, patnje, bolesti, boli ni smrti, to je čista sreća.

> *I otrt će svaku suzu s očiju njihovih. Smrti više neće biti; ni žalosti, ni jauka, ni muke neće više biti. Jer, prijašnje nestade* (Otkrivenje 21,4).

Vidimo da, baš kao što postoje arkanđeli među anđelima, tako postoji i hijerarhija među ljudima u Raju, tj. zastupnici i zastupani. A kako se djela vjere svakoga od nas razlikuju, oni s relativno većom vjerom imenuju se za zastupnike da se brinu za neko mjesto ili skupinu ljudi.

Ti ljudi nose odjeću drukčiju od običnh ljudi u Raju i imaju prednost u svemu. To nije nepravedno nego se time vrši Božja nepristrana pravda kako bi se svakome dalo već prema djelima njegovim.

Budući da na nebu nema ni zavisti ni ljubomore, ljudi nikada ne mrze druge niti se vrijeđaju kad se ono najbolje dadne drugome. Umjesto toga, oni su sretni i zadovoljni što su drugi primili nešto dobro.

Morate shvatiti da je Raj neusporedivo ljepše i sretnije mjesto od ove zemlje.

2. Kakvi ljudi idu u Raj?

Raj je prekrasno mjesto načinjeno od velike ljubavi i milosti Božje. To je mjesto za one koji nisu ispunili sve uvjete da bi ih se zvalo pravom djecom Božjom, ali ipak su spoznali Boga i vjerovali su u Isusa Krista, pa se zbog toga ne mogu poslati u pakao. Pa kakvi to, onda, ljudi idu u Raj?

Pokajanje tik pred smrt

Kao prvo, Raj je mjesto za sve one koji su se pokajali tik pred smrt i priznali Isusa Krista te bili spašeni, poput razbojnika koji je bio razapet s Isusom. Ako čitate Evanđelje po Luki 23,39 i dalje, vidjet ćete da je, Isusu sa svake strane, bio razapet po jedan razbojnik. Jedan je od njih pogrđivao Isusa, ali je drugi korio prvoga, pokajao se i priznao Isusa za svojeg Spasitelja. Potom je Isus rekao drugom razbojniku, koji se pokajao, da će biti spašen. Razbojniku je rekao: „Zaista, kažem ti, danas ćeš sa mnom biti u raju." Taj je razbojnik tek priznao Isusa za svojeg Spasitelja. Nije se klonio svojih grijeha niti je živio po Riječi Božjoj. Budući da je priznao Gospodina tek prije nego što je umro, nije ni imao vremena učiti Božju Riječ niti djelovati u skladu s njom.

Morate shvatiti da je Raj za one koji su priznali Isusa Krista, ali koji nisu učinili ništa za kraljevstvo Božje, poput razbojnika iz Evanđelja po Luki 23.

Međutim, ako mislite: 'Priznat ću Gospodina tik prije nego što umrem, pa ću ipak dospjeti u Raj, koji je toliko lijep i sretan da se ne može usporediti s ovom zemljom,' to je loša zamisao. Bog je dopustio tom razbojniku da se spasi jer je znao da taj razbojnik ima dobro srce koje će ljubiti Boga sve do kraja i koje se ne bi okrenulo od Gospodina kad bi živio dulje.

Međutim, ne može svatko priznati Gospodina tik pred smrt, a ni vjera se ne daje u času. Dakle, morate shvatiti koliko je rijedak slučaj u kojemu razbojnik razapet zajedno s Isusom biva spašen tik pred samu smrt.

Isto tako, ljudi koji zadobiju sramotno spasenje još uvijek u svojim srcima imaju mnogo zla, čak i kad budu spašeni, jer su živjeli po svojoj volji.

Bit će zahvalni Bogu cijelu vječnost zbog same činjenice da su u Raju i da uživaju u životu vječnomu na nebu samo zato što su priznali Isusa Krista za svojeg Spasitelja, čak i ako nisu učinili ništa s vjerom na ovoj zemlji.

Raj se toliko razlikuje od Novog Jeruzalema, u kojemu je Prijestolje Božje, ali sama činjenica da nisu otišli u pakao nego da su spašeni toliko ih razveseljuje i raduje.

Nedostatak rasta u duhovnoj vjeri

Kao drugo, čak i kad ljudi priznaju Isusa Krista i imaju vjere, mogu primiti sramotno spasenje i otići u Raj ako nisu rasli u svojoj vjeri. Ne samo novi vjernici nego i oni koji vjeruju već jako dugo moraju ići u Raj ako njihova vjera ostane na prvoj razini vjere cijelo vrijeme.

Jedanput mi je Bog dopustio da čujem ispovijed vjernika koji je vjerovao jako dugo vremena, a trenutno se nalazi u Čekaonici na nebu, na rubu Raja.

Rođen je u obitelji koja uopće nije poznavala Boga nego je štovala kumire, a tek je kasnije u životu počeo živjeti kršćanskim životom. Međutim, kako nije imao prave vjere, još je uvijek živio unutar granica grijeha i izgubio je vid na jedno oko. Tek nakon što je pročitao moju knjigu svjedočanstava *Kušanje Vječnog Života Prije Smrti,* spoznao je što je prava vjera, prijavio se u svojoj crkvi i poslije je otišao u nebo jer je vodio kršćanski život u svojoj crkvi.

Slušao sam njegovu ispovijed punu radosti zbog toga što je bio spašen i što je otišao u Raj nakon što je pretrpio toliko patnji, boli i bolesti tijekom svojeg života na ovoj zemlji.

„Toliko sam slobodan i sretan što sam došao ovamo nakon što sam se odijelio od tijela. Ne znam zašto sam toliko uporno nastojao zadržati tjelesne stvari. Sve je to bilo besmisleno. Zadržavanje tjelesnih stvari besmisleno je i beskorisno jer sam došao ovamo

nakon što sam se odijelio od tijela.

Za mojega života na zemlji bilo je doba radosti i zahvalnosti, ali i doba razočaranja i očaja. Ovdje, kad pogledam samoga sebe okružena ovom udobnošću i srećom, sjećam se vremena kada sam nastojao zadržati taj besmisleni život i održavati samoga sebe u tom besmislenom životu. Ali mojoj duši ništa ne nedostaje sada, kad se nalazim na ovako udobnom mjestu, a sama činjenica da mogu biti na mjestu spasenja vrlo me veseli.

Ovdje mi je vrlo ugodno. I to zato što sam se odijelio od svojega tijela i uživam u tome što sam dospio na ovo mirno mjesto nakon iscrpljujućeg života na zemlji. Nisam, zapravo, znao da je odjeljivanje od tijela toliko sretan trenutak, ali sam toliko miran i veseo sada, kada sam se odijelio od svojega tijela i dospio na ovo mjesto.

Nisam vidio, nisam mogao hodati i nisam mogao činiti mnogo toga drugoga, ali sve su to za mene bili fizički izazovi u to vrijeme, ali sam veseo i zahvalan nakon što sam zadobio život vječni i dospio ovamo jer imam osjećaj da na ovom prekrasnom mjestu mogu biti isključivo zahvaljujući svemu tome.

Ovo nije Prvo Kraljevstvo, ni Drugo, ni Treće Kraljevstvo, ni Novi Jeruzalem. Tek sam u Raju, ali sam toliko zahvalan i radostan zbog toga.

Moja je duša zadovoljna time.
Moja duša slavi s time.

Moja je duša sretna s time.
Moja je duša zahvalna na tome.

Radostan sam i zahvalan jer sam završio oskudni i bijedni život i sada uživam u ovom ugodnom životu."

Nazadovanje u vjeri zbog kušnja

I naposljetku, ima onih koji su bili vjerni, ali su postupno postali mlaki u svojoj vjeri iz niza razloga te su jedva primili spasenje.

Čovjek koji je bio starješina u mojoj crkvi vjerno je služio u mnogim aktivnostima crkve. Izvana se činilo da je njegova vjera jako velika, ali jednog se dana ozbiljno razbolio. Nije mogao ni govoriti i došao je primiti moju molitvu. Umjesto da molim za ozdravljenje, molio sam za njegovo spasenje. U to je vrijeme njegova duša toliko patila od straha za ishod borbe između anđela, koji su ga pokušavali odnijeti na nebo, i zlih duhova, koji su ga pokušavali odnijeti u pakao. Da je imao dovoljno vjere da bude spašen, zli duhovi ne bi ni bili došli da ga odnesu. Tako sam se odmah pomolio kako bih odagnao zle duhove i molio sam se Bogu da primi tog čovjeka. Odmah nakon molitve on je primio utjehu i zaplakao. Pokajao se tik pred samu smrt i jedva da je bio spašen.

Slično tomu, ako ste primili Duha Svetoga i bili postavljeni na položaj đakona ili starješine, bila bi sramota u Božjim očima da živite u grijehu. Ako se ne odvratite od takvog mlakog duhovnog života, Duh Sveti u vama postupno nestaje i nećete biti spašeni.

Znam tvoja djela: niti si studen niti vruć! Oh, kad bi

> *bio studen ili vruć! Ali, jer si mlak – ni vruć ni studen – izbacit ću te iz svojih usta* (Otkrivenje 3,15-16).

Zato morate shvatiti da je odlazak u Raj toliko sramotno spasenje i morate biti entuzijastičniji i žešći u sazrijevanju u vjeri.

Taj je čovjek jednom u prošlosti ozdravio nakon što je primio moju molitvu, a čak se i njegova supruga vratila u život sa samog praga smrti zahvaljujući mojoj molitvi. Nakon što su čuli riječi života, njegova obitelj, koja je bila u mnogim problemima, postala je sretna obitelj. Otada je sazrio u vjernog djelatnika Božjeg vlastitim nastojanjima i bio je vjeran u svojim dužnostima.

Međutim, kad se crkva suočila s kušnjom, on je nije nastojao braniti i zaštititi nego je, umjesto toga, dopustio Sotoni da kontrolira njegove misli. Riječi koje su mu izlazile iz usta podigle su visoki zid grijeha između njega i Boga. Naposljetku, više nije mogao biti pod Božjom zaštitom i pogođen je strašnom bolesti.

Kao djelatnik Božji, nije smio ni gledati ni slušati ništa što je bilo protivno istini i volji Božjoj, ali on je, umjesto toga, želio slušati te laži, pa čak ih je i sam širio. Bogu nije preostalo ništa drugo doli da odvrati svoje lice od njega jer je on okrenuo leđa velikoj milosti Božjoj koja ga je ranije ozdravila od teške bolesti.

Stoga su se njegove nagrade smrvile u prah i on nije mogao dobiti dovoljno snage za molitvu. Iskusio je nazadovanje u svojoj vjeri i naposljetku je njegova vjera došla do točke u kojoj više nije bio siguran hoće li biti spašen. Nasreću, Bog je ipak zapamtio njegovu raniju službu u crkvi. Tako da je on primio sramotno spasenje nakon što mu je Bog ulio milost da se pokaje za sve što je dotad učinio.

Pun zahvalnosti jer je spašen

Pa kako bi njegova ispovijed zvučala nakon što je spašen i poslan u Raj? Budući da je bio spašen na raskrižju neba i pakla, saslušao sam kako se ispovijeda u istinskom miru.

„I ovako sam spašen. Čak iako sam u Raju, zadovoljan sam jer sam oslobođen sveg straha i tegoba. Moj duh, koji bi inače bio otišao dolje u tamu, dospio je na ovo prekrasno i blistavo svjetlo."

Koliko mora da se veselio nakon što je oslobođen straha od pakla! Međutim, budući da je sramotno spašen kao starješina crkve, Bog mi je dopustio da čujem njegovu molitvu pokajanja dok je boravio u Gornjem grobu prije nego što je otišao u Čekaonicu u Raju. Ondje se pokajao i za sve svoje grijehe i zahvalio mi što molim za njega. Također se zavjetovao Bogu da će neprestance moliti za crkvu i mene kojemu je služio sve dok se ponovno ne sretnemo na nebu.

Od početaka ljudske kultivacije na ovoj zemlji više je ljudi koji nisu ispunili uvjete da odu u Raj nego svih onih koji su uspjeli otići na bilo koje drugo mjesto na nebu.

Oni koji jedva da su spašeni i odu u Raj toliko su zahvalni i sretni zbog toga što mogu uživati u udobnosti i blagoslovu Raja jer nisu pali u pakao iako nisu vodili ispravan kršćanski život na ovoj zemlji.

Međutim, sreća u Raju ne može se ni usporediti sa srećom u Novom Jeruzalemu, a razlikuje se i od sreće na sljedećoj razini, u Prvom Kraljevstvu na nebu. Stoga morate shvatiti da Bogu nisu važnije godine vaše vjere nego stav vašeg nutarnjeg srca prema Bogu i vršenje volje Božje.

Danas si brojni ljudi daju oduška i žive u grijehu iako priznaju da su primili Duha Svetoga. Ti ljudi jedva da mogu primiti sramotno spasenje i otići u Raj, ili će eventualno pasti u smrt koja je pakao jer će iz njih nestati Duha Svetoga.

Ili će neki nazovi vjernici postati bahati nakon što čuju i spoznaju Riječ Božju, pa će suditi i osuđivati druge vjernike iako oni žive kršćanskim životom već jako dugo. Bez obzira koliko su entuzijastični i vjerni u Božjoj službi, od toga nema nikakve koristi ako ne spoznaju zloću u svojim srcima i ako ne odbace od sebe svoje grijehe.

Stoga, u ime Gospodnje molim da vi, djeca Božja koja su primila Duha Svetoga, od sebe odbacite sve svoje grijehe i sve vrste zloga kako biste nastojali djelovati isključivo po Riječi Božjoj.

Sedmo poglavlje

Prvo Kraljevstvo nebesko

1. Njegova ljepota i sreća nadmašuju Raj
2. Kakvi ljudi idu u Prvo Kraljevstvo?

Svaki se natjecatelj
uzdržava u svemu.
Oni to čine da dobiju raspadljiv vijenac,
a mi neraspadljiv.

- Prva poslanica Korinćanima 9,25 -

Raj je mjesto za one koji su priznali Isusa Krista, ali nisu učinili ništa sa svojom vjerom. To je puno ljepše i sretnije mjesto od ove zemlje. Pa koliko je, onda, samo ljepše Prvo Kraljevstvo nebesko, mjesto za one koji nastoje živjeti prema Riječi Božjoj?

Prvo Kraljevstvo je bliže prijestolju Božjem od Raja, ali na nebu su mnoga druga bolja mjesta. Međutim, oni koji uzađu u Prvo Kraljevstvo bit će zadovoljni onime što im je dano i bit će sretni. Baš kao što je zlatna ribica zadovoljna akvarijem, ne želeći ništa više od toga.

Pogledat ćemo podrobno kakvo je to mjesto Prvo Kraljevstvo nebesko, koje je za jednu razinu više od Raja, i kakvi to ljudi odlaze onamo.

1. Njegova ljepota i sreća nadmašuju Raj

Budući da je Raj mjesto za one koji nisu ništa učinili sa svojom vjerom, u njemu nema ni vlastite imovine kao nagrade. Međutim, od Prvog Kraljevstva nadalje za nagradu se daje vlastita imovina, poput kuća i vijenaca.

U Prvom Kraljevstvu svatko živi u svojoj kući i dobiva na nagradu neraspadljiv vijenac. Toliko je veličanstveno posjedovati vlastitu kuću na nebu, pa svi u Prvom Kraljevstvu osjećaju sreću koja se ne može usporediti sa srećom u Raju.

Prekrasno ukrašena vlastita kuća

Osobne rezidencije u Prvom Kraljevstvu nisu zasebne kuće nego su više nalik stanovima ili apartmanima na ovoj zemlji. Međutim, oni nisu sagrađeni od cementa i opeke nego od prekrasnih nebeskih materijala, poput zlata i dragog kamenja.

Te kuće nemaju stepeništa nego samo prekrasna dizala. Na ovoj zemlji morate pritisnuti gumb u dizalu, ali na nebu ta dizala idu automatski na kat koji želite.

Među onima koji su bili na nebu ima onih koji svjedoče da su vidjeli stanove na nebu, i to zato što su od brojnih mjesta na nebu vidjeli upravo Prvo Kraljevstvo. Te kuće nalik apartmanima imaju sve što je potrebno za život, pa uopće nema neudobnosti.

Tu su glazbala za one koji vole glazbu, pa ih oni mogu svirati, i knjige za one koji uživaju u čitanju. Svatko ima svoj osobni prostor gdje se može odmoriti, a on je vrlo udoban.

Na taj način je okružje u Prvom Kraljevstvu načinjeno po želji vlasnika. Tako da je to mnogo ljepše i sretnije mjesto od Raja, prepuno veselja i udobnosti kakve nikada niste iskusili na ovoj zemlji.

Javni vrtovi, jezera, bazeni i slično

Budući da kuće u Prvom Kraljevstvu nisu samostojeće, postoje javni vrtovi, jezera, bazeni i tereni za golf. Baš kao što ljudi na ovoj zemlji, koji žive u stanovima, dijele javne vrtove, teniske terene ili bazene.

Te javne površine nikada ne propadaju niti se kvare jer ih anđeli održavaju uvijek u najboljem stanju. Anđeli pomažu ljudima u korištenju tim objektima, pa nema nikakvih neugodnosti iako je riječ o javnoj imovini.

U raju nema anđela koji služe, ali u Prvom Kraljevstvu ljudi mogu dobiti pomoć od anđela. Tako da ondje osjećaju drukčiju vrstu veselja i sreće. Premda tu nema anđela koji pripadaju određenoj osobi, ipak postoje anđeli koji održavaju zajedničku imovinu.

Primjerice, ako želite kušati voće dok razgovarate sa svojim najmilijima i sjedite na zlatnim klupama u blizini Rijeke, Vode života, anđeli će vam smjesta donijeti voće i uslužno vas poslužiti. Budući da ondje ima anđela koji pomažu djeci Božjoj, sreća i veselje koji se ondje osjećaju znatno se razlikuju od sreće i veselja u Raju.

Prvo Kraljevstvo nadređeno je Raju

Čak se i boje i mirisi cvijeća, ali i sjajnost i ljepota životinjskog krzna razlikuju od onih u Raju. A to je zato što je Bog stvorio sve prema razini vjere ljudi na različitim mjestima na nebu.

Čak i ljudi na ovoj zemlji imaju različite standarde ljepote. Tako će stručnjaci za cvijeće, primjerice, drukčije prosuditi ljepotu makar i samo jednog cvijeta na temelju brojnih različitih kriterija. Na nebu, mirisi cvijeća razlikuju se od jednog do drugog mjesta na nebu. Čak i na istom mjestu, svaki cvijet ima svoj jedinstveni miris.

Bog je cvijeće stvorio takvim upravo zato da bi se ljudi u Prvom Kraljevstvu osjećali najbolje kad pomirišu miris cvijeća. Naravno da na različitim mjestima na nebu i voće ima drukčiji okus. Bog je stvorio boje i miris svakog ploda prema razini svakog nebeskog stana.

Kako se pripremate i služite kada primite važnog gosta? Nastojat ćete se prilagoditi ukusu svoga gosta na način koji će najviše oduševiti vašega gosta.

Slično tomu, i Bog je stvorio sve toliko promišljeno kako bi Njegova djeca bila zadovoljna sa svime.

2. Kakvi ljudi idu u Prvo Kraljevstvo?

Raj je mjesto na nebu za one koji se nalaze na prvoj razini vjere, koji su spašeni po svojoj vjeri u Isusa Krista, ali koji nisu učinili ništa za kraljevstvo Božje. Pa kakvi, onda, ljudi idu u Prvo Kraljevstvo nebesko iznad Raja i uživaju ondje u vječnom životu?

Ljudi koji nastoje djelovati po Riječi Božjoj

Prvo Kraljevstvo nebesko mjesto je za one koji su prihvatili Isusa Krista i nastojali živjeti po Riječi Božjoj. Oni koji su tek prihvatili Gospodina dolaze nedjeljom u crkvu i slušaju Riječ Božju, ali oni ne znaju što je, zapravo, grijeh, zašto se moraju moliti i zašto moraju od sebe odbaciti sve grijehe. Slično tomu, oni koji su na prvoj razini vjere iskusili su veselje prve ljubavi rođenih od vode i Duha Svetoga, ali ne shvaćaju što je to grijeh i još uvijek nisu otkrili svoje grijehe.

Međutim, ako postignete drugu razinu vjere, spoznat ćete svoje grijehe i pravednost uz pomoć Duha Svetoga. I tako ćete nastojati živjeti po Riječi Božjoj, ali to ne možete odmah učiniti.

Baš kao što novorođenče tek uči hodati: ono uvijek iznova hoda i pada.

Prvo Kraljevstvo mjesto je za takve ljude, koji nastoje živjeti po Riječi Božjoj, a primit će neraspadljive vijence. Baš kao što se sportaši moraju pravilno natjecati (Druga poslanica Timoteju 2,5-6), tako i djeca Božja moraju biti dobar boj vjere po istini. Ako ignorirate pravila duhovnog kraljevstva, što je Božji zakon, i vi ćete, poput sportaša koji se ne natječe pravilno, imati mrtvu vjeru. Tada vas više neće smatrati sudionikom i nećete dobiti nikakav vijenac.

Ali, svima u Prvom Kraljevstvu daje se vijenac jer su nastojali živjeti po Riječi Božjoj, čak i kad njihova djela nisu dostatna. Međutim, još uvijek je to sramotno spasenje. I to zbog toga što nisu živjeli u potpunosti po Riječi Božjoj, čak i ako su imali dovoljno vjere da dospiju u Prvo Kraljevstvo.

Sramotno spasenje ako djelo izgori

Pa što je to, točno, „sramotno spasenje?" U Prvoj poslanici Korinćanima 3,12-15 vidite da djelo koje je netko nazidao može ili ostati ili izgoriti.

> *Nadoziđuje li tko na tom temelju zlatom, srebrom, dragim kamenjem, drvetom, sijenom, slamom: svačije će djelo postati očevidno. Dan će ga, naime, pokazati, jer će se pojaviti s vatrom, i ta će vatra ispitati kakvo je svačije djelo. Ako čije djelo zbilja ostane, tko ga je nazidao, primit će plaću; ako čije djelo zbilja izgori, taj će štetovati. A sam će biti spašen, ali tek kao kroz*

vatru.

„Temelj" se ovdje odnosi na Isusa Krista, a znači da što god nadoziđivali na tom temelju, vaše će se djelo pokazati kušnjama poput vatre.

S druge pak strane, djela onih koji imaju vjeru poput zlata, srebra ili dragog kamenja ostat će čak i u kušnji vatrom jer oni djeluju po Božjoj riječi. S druge strane djela onih koji imaju vjeru poput drveta, sijena ili slame izgorit će u kušnjama vatrom jer oni ne mogu djelovati po Božjoj riječi.

Dakle, da bismo ih pridružili mjeri vjere, zlato je peta (najviša), srebro četvrta, dragi kamen treća, drvo druga, a sijeno prva (i najniža) mjera vjere. Drvo i sijeno žive, a imati vjeru poput drveta znači imati živu vjeru, koja je, međutim, slaba. Slama je pak suha, a čak nije ni živa, i to se odnosi na one koji nemaju nimalo vjere.

Dakle, oni koji uopće nemaju vjere nemaju nikakve veze sa spasenjem. Drvo i sijeno, čija će djela izgorjeti u kušnjama vatrom, spadaju u sramotno spasenje. Bog će prepoznati vjeru zlata, srebra i dragog kamenja, ali ne može priznati vjeru drveta i sijena.

Vjera bez djela je mrtva vjera

Možda neki misle: „Dugo sam vremena već kršćanin, dakle, mora biti da sam već prošao prvu razinu vjere, pa mogu otići barem u Prvo Kraljevstvo." Međutim, ako imate istinsku vjeru, naravno da ćete živjeti po riječi Božjoj. Isto tako, ako prekršite zakon i ne odbacite od sebe svoje grijehe, moguće je da će Prvo

Kraljevstvo, a možda čak i Raj, biti izvan vašeg domašaja.

Biblija vas pita u Jakovljevoj poslanici 2,14: *„Što koristi, braćo moja, ako tko govori da ima vjeru, a djela nema? Zar ga vjera može spasiti?"* Ako nemate djela, nećete biti spašeni. Vjera bez djela je mrtva vjera. Dakle, oni koji se ne bore protiv grijeha ne mogu biti spašeni jer su poput sluge koji je primio mnu i držao je pohranjenu u rupcu (Evanđelje po Luki 19,20-26).

„Mna" ovdje predstavlja Duha Svetoga. Bog daje Duha Svetoga na dar onima koji otvore svoja srca i prihvate Isusa Krista kao svojeg osobnog Spasitelja. Duh Sveti je onaj koji vam omogućuje da spoznate svoje grijehe, pravednost i sud, i onaj koji vam pomaže da se spasite i odete u nebo.

S jedne strane, ako ispovijedate svoju vjeru u Boga, ali ne obrežete svoje srce niti poštivanjem želje Duha Svetoga niti djelovanjem po istini, Duh Sveti tad ne može ostati u vašim srcima. S druge strane, ako odbacite od sebe svoje grijehe i djelujete po Božjoj riječi uz pomoć Duha Svetoga, srce će vam postati nalik srcu Isusa Krista, koji je sâma istina.

Zato bi djeca Božja, koja su primila Duha Svetoga na dar, trebala posvetiti svoja srca i rađati darovima Duha Svetoga da postignu savršeno spasenje.

Tjelesno vjerni, ali duhovno neobrezani

Jednom mi je Bog otkrio sve o jednom članu naše crkve koji je preminuo i otišao u Prvo Kraljevstvo i tako mi pokazao važnost vjere popraćene djelima. On je osamnaest godina služio kao član Odjela za financije naše crkve bez izdaje u svome srcu. Bio je vjeran i u drugim djelima Božjim, a nosio je titulu starješine.

Nastojao je rađati plodovima u mnogim poslovima i davati slavu Bogu, često se pitajući: 'Kako da još više zadobijem Božje kraljevstvo?'

Međutim, nije bio odveć uspješan jer je ponekad sramotio Boga jer nije slijedio pravi put zbog tjelesnih misli i srca koje je često tražilo vlastitu korist. Isto tako, znao je govoriti neistinu, srditi se na druge ljude i nepoštivati Božju riječ u mnogim aspektima.

Drugim riječima, budući da je bio tjelesno vjeran, ali nije obrezao svoje srce – što je mnogo važnije – ostao je na drugoj razini vjere. Nadalje, da je imao financijskih i međuljudskih problema, ne bi ni bio zadržao svoju vjeru nego bi je kompromitirao nepravednošću.

I na koncu, budući da mu opseg njegova nazadovanja u vjeri ne bi dopustio ni da uđe u Raj, Bog je njegovu dušu pozvao u najboljem trenutku.

U duhovnim razgovorima nakon svoje smrti iskazivao je svoju zahvalnost i kajao se zbog mnogo čega. Kajao se zato što je vrijeđao svećenike jer nije slijedio istinu, zato što je prouzročio otpadanje drugih od vjere, vrijeđao druge i zato što nije djelovao, čak ni nakon što bi čuo riječ Božju. Također je kazao kako je uvijek osjećao pritisak jer se nije iskreno pokajao za svoje propuste dok je bio na ovoj zemlji, ali da je sada sretan jer mu je pružena prilika da ispovjedi svoje propuste.

Isto tako, rekao je da je zahvalan zato što, kao starješina, nije završio u Raju. Još uvijek je bilo sramotno to što je kao starješina završio u Prvom Kraljevstvu, ali se mnogo bolje osjećao jer je Prvo Kraljevstvo slavnije od Raja.

Dakle, trebali biste spoznati da je najvažnije obrezati svoje srce, važnije od tjelesne vjernosti i titula.

Bog svoju djecu vodi u nebo kroz kušnje

Baš kao što sportaš mora posvetiti brojne sate napornom vježbanju da bi pobijedio, tako se i vi morate suočiti s kušnjama da biste otišli u bolji nebeski stan u nebu. Bog pripušta kušnje svojoj djeci da bi ih odveo na bolja mjesta na nebu, a te se kušnje mogu podijeliti u tri kategorije.

Kao prvo, ima kušnja za odbacivanje grijeha. Da biste postali pravom djecom Božjom, morate se boriti protiv grijeha sve do prolijevanja svoje krvi kako biste mogli u cijelosti od sebe odbaciti svoje grijehe. No, katkad Bog i kažnjava svoju djecu jer ne odbacuju grijehe od sebe nego i dalje žive u grijehu (Poslanica Hebrejima 12,6). Baš kao što roditelji ponekad kažnjavaju svoju djecu kako bi ih odveli na pravi put, tako i Bog ponekad pripušta kušnje svojoj djeci kako bi ona postala savršena.

Kao drugo, ima kušnja za postajanje pravom posudom i davanje blagoslova. David je, još kao mali dječak, spasio svoje ovce tako što je ubio medvjeda ili lava koji su mu oduzeli stado. Njegova je vjera bila toliko velika da je čak ubio i Golijata, kojega se bojala čitava vojska Izraelaca, i to praćkom i kamenom, oslanjajući se isključivo na Boga. Razlog zašto se morao i dalje suočavati s kušnjama, tj. progonom kralja Saula, bio je taj što mu je Bog pripustio te kušnje kako bi David postao velikom posudom i velikim kraljem.

Kao treće, ima kušnji za izbjegavanje ljenčarenja jer je moguće da će se ljudi udaljiti od Boga ako se nemaju čime baviti.

Primjerice, ima ljudi koji su vjerni u kraljevstvu Božjem i koji, kao posljedica toga, primaju financijske blagoslove. Oni se onda prestanu moliti, a njihov entuzijazam prema Bogu splašnjava. Ako ih Bog ostavi u takvom stanju, mogli bi pasti u smrt. Zato on njima pripušta kušnje kako bi ponovno razbistrili svoj um.

Trebate odbaciti od sebe svoje grijehe, postupati pravedno, biti prave posude u Božjim očima, spoznajući srce Boga koji vam pripušta kušnje vjere. Nadam se da ćete primiti obilje blagoslova koje je Bog pripravio za vas.

Možda će neki reći: „Želim se promijeniti, ali to nije lako ma koliko pokušavao." Međutim, oni će takvo što reći ne zato što je uistinu teško promijeniti se, nego više zato što im nedostaje gorljivosti i strasti za duboku promjenu u srcu.

Ako duhovno spoznate riječ Božju i nastojite se promijeniti iz dubine svoga srca, možete se brzo promijeniti jer vam Bog daje milosti i snage za to. Naravno da vam i Duh Sveti pomaže na tom putu. Međutim, ako vam je riječ Božja poznata samo u glavi, samo kao suho znanje, ali vi ne djelujete po njoj, vrlo je vjerojatno da ćete postati ponosni i umišljeni i teško će vam biti postići spasenje.

Zato molim u ime Gospodnje da nikad ne izgubite strast i veselje prve ljubavi i da i dalje slijedite želju Duha Svetoga da biste zadobili bolje mjesto na nebu.

Osmo poglavlje

Drugo Kraljevstvo nebesko

1. Prekrasne osobne kuće daju se svakome pojedinome
2. Kakvi ljudi idu u Drugo Kraljevstvo?

Starješine koje su među vama zaklinjem ja,
starješina kao i oni, svjedok Kristovih muka
i dionik slave koja se ima
uskoro objaviti.
Napasite stado Božje koje je među vama
nadzirući ga ne na silu,
nego dragovoljno,
po Bogu;
ne iz težnje za prljavim dobitkom, nego iz nagnuća,
ne kao gospodareći baštinom,
nego postajući uzori stadu!
I kad se pojavi vrhovni Pastir,
primit ćete neuveli vijenac – slavu.

- Prva Petrova poslanica 5,1-4 -

S jedne strane, bez obzira na to koliko slušali o nebu, to vam neće biti ni od kakve koristi ako ga ne spoznate u svojim srcima jer onda u to ne možete vjerovati. Baš kao što ptica ugrabi sjeme posijano kraj puta, tako i neprijateljski Sotona i đavao od vas otimaju riječ o nebu (Evanđelje po Mateju 13,19).

S druge pak strane, ako slušate riječ o nebu i spoznate je, možete živjeti život u vjeri i nadi i roditi usjevima, tridesetostruko, šezdesetostruko ili stostruko većima od onoga što ste posijali. Budući da možete djelovati po riječi Božjoj, ne samo da možete vršiti svoju dužnost, nego ćete se i posvetiti i biti vjerni u Božjoj kući. Pa kakvo je onda mjesto Drugo Kraljevstvo nebesko i kakvi ljudi odlaze onamo?

1. Prekrasne osobne kuće daju se svakome pojedinome

Već sam objasnio da su oni koji odlaze u Raj ili Prvo Kraljevstvo sramotno spašeni jer njihova djela ne mogu ostati kad se izlože kušnjama vatrom. Međutim, oni koji odlaze u Drugo Kraljevstvo imaju vrstu vjere koja prolazi kušnje vatrom i oni primaju nagrade koje se ne mogu ni usporediti s onima koje se daju u Raju ili Prvom Kraljevstvu, već prema pravednosti Boga koji nagrađuje što je posijano.

I zato, ako se sreća onoga koji odlazi u Prvo Kraljevstvo može usporediti sa srećom zlatne ribice u akvariju, onda se sreća onoga koji odlazi u Drugo Kraljevstvo može usporediti sa srećom kita u neizmjernom Tihom oceanu.

Pogledajmo sada kakva su obilježja Drugog Kraljevstva, a posebno kuće i život.

Osobna prizemnica daje se svakome pojedinome

Kuće u Provm Kraljevstvu su poput stanova, ali one u Drugom Kraljevstvu su posve samostojeće osobne prizemnice. Kuće u Drugom Kraljevstvu ne mogu se uspoređivati ni s kojom prekrasnom kućom ili brvnarom ili ljetnikovcem na ovome svijetu. One su veličanstvene, prekrasne, i moderno ukrašene cvijećem i drvećem.

Ako odete u Drugo Kraljevstvo, dobivate ne samo kuću, nego i svoj najomiljeniji predmet. Ako želite bazen, dobit ćete bazen prekrasno ukrašen zlatom i svakovrsnim dragim kamenjem. Ako želite prekrasno jezero, dobit ćete jezero. Ako želite balsku dvoranu, dobit ćete i balsku dvoranu. Ako volite šetnje, dobit ćete prekrasnu šetnicu punu čudesnog cvijeća i bilja oko kojih se igra mnoštvo životinja.

Međutim, čak i ako želite imati sve – i bazen, i jezero, i balsku dvoranu, i šetnicu i tako dalje – ipak možete dobiti samo jedno od toga, ono što vam se najviše sviđa. Budući da se imovina ljudi razlikuje u Drugom Kraljevstvu, oni posjećuju kuće jedni drugih i zajedno uživaju u onome što imaju.

Ako netko tko ima balsku dvoranu, ali ne i bazen, želi plivati, može otići do svojeg susjeda koji ima bazen i ondje uživati. Na nebu ljudi služe jedni drugima i nikad im ne smeta nijedan posjetitelj niti ga odbijaju. Umjesto toga, to ih čini samo sretnijima i zadovoljnijima. Dakle, ako želite u nečemu uživati, možete posjetiti svoje susjede i uživati u onome što oni imaju.

Slično tomu, Drugo je Kraljevstvo u svim aspektima mnogo bolje od Prvog Kraljevstva. Međutim, naravno da se ni ono ne može ni usporediti s Novim Jeruzalemom. Ondje nema anđela koji služe svakom djetetu Božjem. A različiti su i veličina, ljepota i sjaj kuća, kao i materijal, boje i blistavost dragulja kojima su te kuće ukrašene.

Pločica na vratima s prekrasnim i veličanstvenim svjetlom

Kuće u Drugom Kraljevstvu su prizemnice s pločicom na vratima. Ta pločica na vratima naznačuje tko je vlasnik te kuće, a u nekim posebnim slučajevima na njoj stoji i ime crkve u kojoj je taj vlasnik služio. To je sve napisano na pločici na vratima iz koje se širi prekrasno i veličanstveno, blistavo svjetlo i rasipa se po imenu vlasnika napisanom nebeskim slovima koja podsjećaju na arapsko ili hebrejsko pismo. Tako da ljudi u Drugom Kraljevstvu sa zavišću govore: „Oh! Ovo je kuća toga i toga, koji je služio u toj i toj crkvi!"

Zašto se posebno navodi i ime crkve? Bog to čini kako bi ime crkve bilo predmetom ponosa i slave članovima koji su služili u crkvi koja je izgradila Veliko svetište da primi Gospodina prilikom Njegova Drugog dolaska u zraku.

Međutim, na kućama u Trećem Kraljevstvu i u Novom Jeruzalemu nema pločica na vratima. Ni u jednom od ta dva kraljevstva nema mnogo ljudi, a po jedinstvenim svjetlima i aromi koji se šire iz kuća može se prepoznati kome određena kuća pripada.

Žaljenje zbog nepotpune posvećenosti

Možda se neki pitaju: „Zar nije nezgodno na nebu jer nema privatnih kuća u Raju, a u Drugom Kraljevstvu ljudi smiju posjedovati samo jednu stvar?" Međutim, na nebu ništa nije ni nedostatno niti nezgodno. Ljudi se nikad ne osjećaju neugodno zato što žive zajedno. Nisu škrti kad je riječ o dijeljenju svoje imovine s drugima. Jednostavno su zahvalni zato što mogu dijeliti svoju imovinu s drugima i to smatraju izvorom velike sreće.

Isto tako, ne žale zato što posjeduju samo jednu osobnu stvar niti zavide drugima zbog onoga što oni posjeduju. Umjesto toga, uvijek su duboko dirnuti i zahvalni Bogu Ocu zato što im je dao mnogo više nego što zaslužuju i uvijek su zadovoljni, nepromijenjena veselja i radosti.

Jedino za čime žale je činjenica da se nisu dovoljno potrudili i u potpunosti posvetili dok su živjeli na ovoj zemlji. Žao im je i sram ih je stajati pred Bogom jer nisu od sebe odbacili sve grijehe i sve zlo u njima. No, čak ni kad vide one koji su otišli u Treće Kraljevstvo ili u Novi Jeruzalem, ne zavide im na njihovim veličanstvenim kućama i slavnim nagradama, nego im je žao što se nisu sami u potpunosti posvetili.

Budući da je Bog pravedan, On želi da žanjete kako ste sijali, a nagrađuje vas prema vašim djelima. Dakle, On vam daje mjesto i nagrade na nebu u onoj mjeri u kojoj ste se posvetili i bili vjerni na ovoj zemlji. Ovisno o tome u kojoj mjeri živite po riječi Božjoj, On će vas nagraditi sukladno tome, pa čak i bolje.

Ako ste u cijelosti živjeli po riječi Božjoj, On će vam na nebu dati sve što poželite 100 %. Međutim, ako ne živite u cijelosti po riječi Božjoj, On će vas nagraditi samo po onome što ste činili, ali još obilnije.

Dakle, bez obzira na to na koju razinu neba ćete otići, uvijek ćete biti zahvalni Bogu zato što vam je dao mnogo više od onoga što ste vi učinili na ovoj zemlji, i zauvijek ćete živjeti u sreći i veselju.

Vijenac – slava

Bog, koji obilno nagrađuje, onima u Prvom Kraljevstvu daje neraspadljiv vijenac. A kakav se vijenac daje onima u Drugom Kraljevstvu?

Čak iako se nisu u cijelosti posvetili, oni su ipak slavili Boga vršenjem svojih dužnosti. Zato će oni primiti vijenac – slavu. U Prvoj Petrovoj poslanici 5,1-4 vidimo da se vijenac – slava daje onima koji svojim životom u vjeri po riječi Božjoj predstavljaju uzor.

> *Starješine koje su među vama zaklinjem ja, starješina kao i oni, svjedok Kristovih muka i dionik slave koja se ima uskoro objaviti. Napasite stado Božje koje je među vama nadzirući ga ne na silu, nego dragovoljno, po Bogu; ne iz težnje za prljavim dobitkom, nego iz nagnuća, ne kao gospodareći baštinom, nego postajući uzori stadu! I kad se pojavi vrhovni Pastir, primit ćete neuveli vijenac – slavu.*

Razlog zbog kojega on tu veli: „neuveli vijenac – slavu" je taj što je svaki vijenac na nebu vječan i nikada neće uvenuti. Shvatit ćete da je nebo toliko savršeno mjesto da je u njemu sve vječno, pa čak ni vijenac neće uvenuti.

2. Kakvi ljudi idu u Drugo Kraljevstvo?

Oko Seula, glavnog grada Republike Koreje, postoje satelitski gradovi, a oko njih su mala mjesta. Isto je tako i na nebu, oko Trećeg Kraljevstva na nebu, u kojemu se nalazi Novi Jeruzalem, nalaze se Drugo Kraljevstvo, Prvo Kraljevstvo i Raj.

Prvo je Kraljevstvo mjesto za one koji se nalaze na drugoj razini vjere i koji nastoje živjeti po riječi Božjoj. A kakvi to ljudi odlaze u Drugo Kraljevstvo? Ljudi na trećoj razini vjere koji uistinu mogu živjeti po riječi Božjoj završavaju u Drugom Kraljevstvu. Pozabavimo se u tančine time kakvi ljudi odlaze u Drugo Kraljevstvo.

Drugo Kraljevstvo: mjesto za ljude koji nisu u cijelosti posvećeni

Možete otići u Drugo Kraljevstvo ako živite po riječi Božjoj i vršite svoje dužnosti, ali vam srce nije u cijelosti posvećeno.

Ako ste zgodni, inteligentni i mudri, očito je da ćete željeti da vam i djeca budu nalik. Isto tako i Bog, koji je svet i savršen, želi da Mu Njegova prava djeca budu nalik. On želi djecu koja Ga ljube i poštuju Njegove zapovijedi – koja poštuju Njegove zapovijedi zato što Ga ljube, a ne iz osjećaja dužnosti. Baš kao što ćete i vi učiniti čak i nešto doista teško za nekoga koga istinski ljubite, ako u svojim srcima uistinu ljubite Boga, možete poštivati Njegove zapovijedi s veseljem u srcu.

Poštivat ćete bezuvjetno s radošću i zahvalnošću sve što vam On kaže da poštujete, odbacivat ćete sve što vam On kaže da odbacite, nećete činiti ono što vam On zabranjuje, a činit ćete ono što vam On kaže da činite. Međutim, oni koji su na trećoj razini vjere ne mogu djelovati po riječi Božjoj s radošću i zahvalnošću u svojim srcima jer još uvijek nisu dospjeli na tu razinu ljubavi.

U Bibliji ima djela tijela (Poslanica Galaćanima 5,19-21), ali i težnja tijela (Poslanica Rimljanima 8,5). Kada djelujete iz zla koje je u vašim srcima, to se zove djelima tijela. A priroda grijeha u vašim srcima koja se još nije pokazala u djelu zove se težnjama tijela.

Oni na trećoj razini vjere već su od sebe odbacili sva djela tijela koja su vidljiva izvana, ali još uvijek u svojim srcima imaju težnje tijela. Poštuju ono što im Bog kaže da poštuju, odbacuju od sebe ono što im Bog kaže da odbace, ne čine ono što im Bog zabranjuje, čine ono što im Bog kaže da čine. Pa ipak, još uvijek nije do kraja izgnano zlo iz njihovih srca.

Slično tomu, ako svoje dužnosti vršite sa srcem koje nije u cijelosti posvećeno, možete otići u Drugo Kraljevstvo. „Posvećenje" se odnosi na stanje u kojemu od sebe odbacite sve vrste zloga i u svojim srcima imate još samo dobro.

Primjerice, recimo da postoji neka osoba koju mrzite. Čuli ste riječ Božju koja kaže: „Ne mrzi" i pokušali ste je ne mrziti. Rezultat toga je da je sada više ne mrzite. Međutim, ako tu osobu istinski ne ljubite u svojim srcima, još uvijek niste posvećeni.

Dakle, za rast vjere s treće na četvrtu razinu ključno je da nastojite od sebe odbaciti grijehe sve do prolijevanja krvi svoje.

Ljudi koji su izvršili svoju dužnost po Božjoj milosti

Drugo je Kraljevstvo mjesto za one koji još uvijek nisu u cijelosti posvetili svoja srca, ali vrše svoje dužnosti koje im je Bog dao. Razmotrimo kakva vrsta ljudi odlazi u Drugo Kraljevstvo na temelju slučaja jedne članice naše crkve koja je preminula dok je služila u crkvi Manmin Joong-ang (Central) Church.

Pridružila se zajedno sa svojim suprugom crkvi Manmin Central Church iste godine kad je crkva osnovana. Bolovala je od teške bolesti, ali je ozdravila nakon što je primila moju molitvu, a i članovi njezine obitelji postali su vjernici. Sazrijevali su u vjeri, a ona je postala starija đakonica, njezin suprug starješina, a njihova su djeca odrasla i danas služe Gospodinu kao svećenici, supruga pastora i misionar.

Međutim, ona nije uspijevala od sebe odbaciti svaku vrstu zloga i ispravno vršiti svoju dužnost, ali se pokajala po Božjoj milosti, dobro dovršila svoju dužnost i preminula. Bog mi je poručio da će ona biti u Drugom Kraljevstvu nebeskom i dopustio mi da s njom razgovaram u duhu.

Kad je ona otišla na nebo, najviše je žalila zbog toga što nije od sebe odbacila sve grijehe kako bi se u cijelosti posvetila, ali i zbog činjenice da nije iz srca ispovijedala zahvalnost svojem pastiru koji je molio za njezino ozdravljenje i vodio je s ljubavlju.

Također je mislila da je, uzevši u obzir što je postigla sa svojom vjerom, kako je služila Gospodinu i kakve je riječi izgovarala svojim ustima, mogla otići jedino u Prvo Kraljevstvo. Međutim, kad joj više nije preostalo mnogo vremena na ovoj zemlji, zahvaljujući molitvi s ljubavlju njezina pastira i njezinim djelima koja su bila Bogu mila njezina je vjera brzo narasla i ona je uspjela ući u Drugo Kraljevstvo.

Njezina je vjera uistinu vrlo brzo narasla tik pred smrt. Usredotočila se na molitvu i podijelila je na tisuće crkvenih glasila u svojem susjedstvu. Nije marila za sebe, nego je samo vjerno služila Gospodinu.

Pričala mi je o svojoj kući u kojoj živi na nebu. Rekla je da je ta kuća, iako prizemnica, tako prekrasno ukrašena prelijepim cvijećem i drvećem i da je toliko prostrana i veličanstvena da se ne može usporediti ni s jednom kućom na ovoj zemlji.

Naravno da je ta kuća, u usporedbi s kućama u Trećem Kraljevstvu ili u Novom Jeruzalemu, poput kuće sa slamnatim krovom, ali je ona bila toliko zahvalna i posvećena jer ni takvu kuću nije zaslužila. Svojoj je obitelji željela prenijeti sljedeću poruku jer je htjela da oni dospiju u Novi Jeruzalem.

„Nebo je tako precizno podijeljeno. Slava i svjetlo razlikuju se u svakom mjestu pa ih potičem i ohrabrujem ponovno da nastoje dospjeti u Novi Jeruzalem. Željela bih reći članovima svoje obitelji koji su još uvijek na zemlji koliko je sramotno ne odbaciti od sebe sve grijehe kad se nađemo pred Bogom Ocem na nebu. Nagrade koje Bog daje onima koji odlaze u Novi Jeruzalem i raskoš tamošnjih kuća vrijedni su zavisti, ali ja bih im htjela poručiti koliko je sramotno pred Bogom ne odbaciti sve vrste zloga. Željela bih prenijeti ovu poruku članovima svoje

obitelji kako bi oni od sebe odbacili svaku vrstu zloga i ušli u slavu Novog Jeruzalema."

I zato vas potičem da spoznate koliko je dragocjeno i vrijedno posvetiti svoje srce i predati svoj svakodnevni život kraljevstvu i pravednosti Božjoj u nadi u nebesa da biste mogli silovito zadobiti Novi Jeruzalem.

Ljudi vjerni u svemu, ali neposlušni zbog svog pogrešnog poimanja pravednosti

Hajde da se sada pozabavimo slučajem druge članice crkve koja je ljubila Gospodina i vjerno vršila svoju dužnost, ali nije mogla dospjeti u Treće Kraljevstvo zbog određenih nedostataka svoje vjere.

U crkvu Manmin Central Church došla je radi suprugove bolesti i postala je vrlo aktivna članica. Njezina su supruga u crkvu donijeli na nosilima, ali ga je prestalo boljeti i on se uspravio i prohodao. Zamislite samo koliko mora da je ona bila zahvalna i radosna! Uvijek je bila zahvalna Bogu koji je ozdravio njezina supruga od bolesti i svojem pastoru koji je za njega molio s ljubavlju. Uvijek je bila vjerna. Molila je za kraljevstvo Božje, a sa zahvalnošću prema svome pastiru molila je u svakom trenu, dok je hodala, sjedila ili stajala, pa čak i dok je kuhala.

Isto tako, budući da je ljubila svoju braću i sestre u Kristu, radije je ona tješila druge nego da nju tješe, hrabrila je druge vjernika i brinula se o njima. Samo je željela živjeti po riječi Božjoj i nastojala je od sebe odbaciti sve svoje grijehe do prolijevanja krvi. Nikada nije zavidjela ni na čemu niti je težila ovosvjetovnim imanjima, nego se uredotočavala isključivo na naviještanje evanđelja svojim susjedima.

Budući da je bila toliko vjerna kraljevstvu Božjem, sâm Duh Sveti nadahnuo je moje srce kad sam vidio njezinu odanost i zamolio sam je da preuzme moju dužnost crkvene službe. Vjerovao sam da će, ako ona vjerno izvrši svoju dužnost, i svi članovi njezine obitelji, uključujući i njezina supruga, zadobiti duhovnu vjeru.

Međutim, ona nije mogla poslušati jer je bila zaokupljena svojim teškoćama i proždirale su je njezine tjelesne misli. Nedugo potom ona je preminula. Srce mi je bilo slomljeno, a dok sam se molio Bogu, uspio sam čuti njezinu ispovijed kroz duhovni razgovor.

„Iako se kajem i kajem zato što nisam poslušala pastira, ne mogu vratiti natrag vrijeme. Sada samo to više molim za kraljevstvo Božje i za pastira. Ono što moram reći svojoj ljubljenoj braći i sestrama je to da je ono što naš pastir propovijeda volja Božja. Najveći je grijeh iskazati neposluh volji Božjoj, a uz to je srdžba najveći grijeh. Zbog toga su ljudi u teškoćama, a ja sam pohvaljena zbog toga što se nisam srdila, nego sam se skrušila u srcu i sada nastojim iskazivati poslušnost svim svojim srcem. Postala sam osoba koja puše u trubu Gospodnju. Približava se dan kad ću primiti svoju ljubljenu braću i sestre. Samo se usrdno nadam da su moja braća i sestre čista uma i da im ništa ne nedostaje pa da se i oni mogu radovati tom danu."

Ispovjedila je tom prilikom štošta još i rekla mi je da je njezin neposluh bio razlog zbog kojega nije mogla otići u Treće Kraljevstvo.

> **„Vrlo je malo onoga čemu sam iskazala neposluh dok nisam dospjela u ovo kraljevstvo. Ponekad sam govorila: 'Ne, ne, ne' dok sam slušala poruke. Nisam propisno vršila svoju dužnost. Budući da sam mislila da ću izvršiti svoju dužnost kad se moji uvjeti poprave, koristila sam svoje tjelesne misli. To je u Božjim očima bio toliko veliki propust."**

Također mi je rekla da je zavidjela svećenicima i onima koji su se brinuli za crkvene financije kad god bi ih vidjela jer je mislila da će njihove nagrade na nebesima biti vrlo velike. No, priznala je kad je dospjela na nebo, da to zapravo nije bio tako čest slučaj.

> **„Ne! Ne! Ne! Samo oni koji djeluju po volji Božjoj primit će velike nagrade i blagoslove. Ako vođe počinjaju pogreške, to je mnogo veći grijeh nego da obični članovi crkve počine pogrešku. Oni se moraju više moliti. Vođe moraju biti vjerniji. Moraju bolje podučavati. Moraju moći raspoznavati. Upravo zato u jednom od četiriju Evanđelja i stoji da slijepac slijepca vodi. A to znači: 'Neka ne bude mnogo vas koji će postati učiteljima." Svatko će biti blagoslovljen ako dadne sve od sebe na svojoj poziciji. Eto, približava se dan kad ćemo se susresti kao djeca Božja u vječnom kraljevstvu. I zato bi svi trebali od sebe odbaciti sva**

djela tijela, postati pravednici i ispuniti sve uvjete kao zaručnica Gospodnja bez ikakvog srama kad budu stajali pred Bogom."

I zato biste vi trebali shvatiti koliko je važno iskazivati poslušnost, ali ne iz osjećaja dužnosti, nego iz radosti u svojim srcima i svoje ljubavi prema Bogu, i koliko je važno posvetiti svoje srce. Štoviše, ne biste smjeli samo odlaziti u crkvu, nego se stalno preispitivati i pitati u kakvo biste kraljevstvo nebesko ušli da Otac sada pozove vašu dušu.

Trebali biste nastojati biti vjerni u svim svojim dužnostima i živjeti po riječi Božjoj da tako postanete u cijelosti posvećeni i ispunite sve uvjete za ulazak u Novi Jeruzalem.

U Prvoj poslanici Korinćanima 15,41 piše da će se razlikovati slava koju svatko od nas dobije na nebu. Ondje stoji: *„Drugi je sjaj sunca, a drugi sjaj mjeseca, a drugi sjaj zvijezda, jer se zvijezda od zvijezde razlikuje sjajem."*

Svi oni koji su spašeni uživat će u životu vječnome na nebu. Međutim, neki će od njih završiti u Raju, dok će drugi biti u Novom Jeruzalemu, već prema mjeri vjere svakoga od njih. Razlika u slavi toliko je velika da se to ne može izreći riječima.

I zato molim u ime Gospodnje da ne ostanete u vjeri samo zato da budete spašeni, nego kao seljak koji je prodao sve što je imao da bi kupio njivu i iskopao blago, živite u svemu po riječi Božjoj i od sebe odbacite svaku vrstu zloga da biste ušli u Novi Jeruzalem i ostali u slavi koja sjaji ondje poput sunca.

Deveto poglavlje

Treće Kraljevstvo nebesko

1. Anđeli služe svakom djetetu Božjem
2. Kakvi ljudi idu u Treće Kraljevstvo?

Blago onomu koji odolijeva kušnji,
jer će, kad se pokaže prokušanim,
primiti vijenac – život,
koji je Bog obećao
onima koji ga ljube.

- Jakovljeva poslanica 1,12 -

Bog je sâmi Duh, a On je i dobrota, svjetlo i sâma ljubav. Upravo zato On želi da Njegova djeca od sebe odbace sve grijehe i svaku vrstu zloga. Isus, koji je sišao na ovaj svijet utjelovljen u ljudskom tijelu, bio je bez prijekora jer je On sâmi Bog. Dakle, kakvi biste trebali postati da biste postali zaručnicom koja će primiti Gospodina?

Da biste postali pravim djetetom Božjim i zaručnicom Gospodinovom koja će s Bogom u vječnosti dijeliti pravu ljubav, vaše srce mora biti nalik svetom srcu Božjemu i morate se posvetiti odbacivanjem od sebe svake vrste zloga.

Treće Kraljevstvo nebesko, mjesto za takvu vrstu djece Božje koja su sveta i nalikuju srcu Božjem, toliko se razlikuje od Drugog Kraljevstva. Budući da Bog mrzi na zlo, a toliko ljubi dobro, On sa svojom posvećenom djecom postupa na vrlo poseban način. Pa kakvo je onda mjesto Treće Kraljevstvo i koliko morate ljubiti Boga da biste otišli onamo?

1. Anđeli služe svakom djetetu Božjem

Kuće u Trećem Kraljevstvu su toliko veličanstvenije i blistavije od prizemnica u Drugom Kraljevstvu da se ne mogu niti usporediti. Ukrašene su raznovrsnim dragim kamenjem i imaju sve što bi njihovi vlasnici poželjeli imati.

Štoviše, od Trećeg Kraljevstva nadalje dat će se anđeli koji služe svakome pojedinome, a oni će ljubiti i štovati gospodara i služiti njemu ili njoj samo najboljim stvarima.

Anđeli koji vam osobno služe

U Poslanici Hebrejima 1,14 stoji: „*Nisu li oni svi poslužnički duhovi poslani za službu radi onih koji imaju baštiniti spasenje?*" Anđeli su čista duhovna bića. Nalikuju ljudskim bićima u obliku kao jedno od Božjih stvorenja, ali nemaju ni mesa ni kostiju niti imaju ikakve veze s brakom ili smrću. Oni nemaju osobnosti poput ljudskih bića, ali su njihovo znanje i moć znatno veći od onih ljudskih bića (Druga Petrova poslanica 2,11).

Kako je u Poslanici Hebrejima 12,22 riječ o tisućama i tisućama anđela, znači da na nebu ima bezbroj anđela. Bog je uveo red i rangove među anđele, dodijelio im različite zadaće i dao im različite ovlasti, već prema njihovim zadaćama.

Dakle, anđeo se razlikuje od anđela pa imamo anđele, nebeske vojske i arkanđele. Primjerice, Gabriel, koji služi kao civilni službenik, dolazi vam s odgovorima na vaše molitve ili s Božjim naumima i otkrivenjima (Daniel 9,21-23; Evanđelje po Luki 1,19; 1,26-27). Arkanđeo Mihael, koji je poput vojnog službenika, poglavar je nebeskih vojska. On nadzire bitke sa zlim duhovima, a ponekad i sâm sudjeluje na bojišnicama tame (Daniel 10,13-14; 10,21; Judina poslanica 1,9; Otkrivenje 12,7-8).

Među tim anđelima ima i onih koji svojim gospodarima osobno služe. U Raju, Prvom Kraljevstvu i Drugom Kraljevstvu ima anđela koji ponekad pomažu djeci Božjoj, ali nema nijednog anđela koji bi osobno služio gospodaru. Ondje su samo anđeli koji se brinu za travnjake, cvijetnjake ili javne površine kako ne bi bilo nezgodnih situacija, a ondje su i anđeli koji su glasnici Božjih poruka.

Međutim, onima u Trećem Kraljevstvu ili u Novom Jeruzalemu dodjeljuju se osobni anđeli jer su toliko ljubili Boga i bili Mu toliko mili. Također se razlikuje i broj anđela koji se dodjeljuje svakome pojedinome ovisno o tomu u kojoj mjeri je nečije srce nalik srcu Božjem i u kojoj Mu je mjeri omilio svojom poslušnošću.

Ako netko ima veliku kuću u Novom Jeruzalemu, bit će mu dani bezbrojni anđeli jer to znači da je vlasnik nalik srcu Božjemu i da je odveo mnoge na put spasenja. Bit će tu anđela koji se brinu za kuću, nekih koji se brinu za okućnicu i ono što se daje za nagradu te onih anđela koji osobno služe gospodaru. Bit će tu mnoštvo anđela.

Ako odete u Treće Kraljevstvo, nećete imati samo anđele koji će vam osobno služiti, nego i anđele koji će se brinuti za vašu kuću, ali i one koji razvode posjetitelje i pomažu im. Bit ćete toliko zahvalni Bogu ako uspijete ući u Treće Kraljevstvo jer vam Bog dopušta da vladate zauvijek dok vam služe anđeli kojima vas On daje kao vječnu nagradu.

Veličanstvena osobna višekatnica

U kućama u Trećem Kraljevstvu, koje su ukrašene prekrasnim cvijećem i drvećem čudesne arome, nalaze se i vrtovi i jezera. U jezerima ima mnogo ribe, a ljudi s njima mogu razgovarati i dijeliti svoju ljubav s njima. Isto tako, anđeli sviraju prekrasnu glazbu, a ljudi mogu slaviti Boga Oca zajedno s njima.

Za razliku od Drugog Kraljevstva u kojemu je stanovnicima dopušteno posjedovati samo jednu stvar ili predmet koji najviše vole, ljudi u Trećem Kraljevstvu mogu posjedovati sve što žele, kao što su tereni za golf, bazen, jezero, šetnica, balska dvorana i tako dalje. I zato oni ne moraju ići do svojih susjeda da bi uživali u nečemu što oni sami ne posjeduju, nego u tome mogu uživati kad god požele.

Kuće u Trećem Kraljevstvu su višekatnice i veličanstvene su, grandiozne i ogromne. Toliko su prekrasno ukrašene da ih ne bi mogao oponašati nijedan milijarder ovoga svijeta.

Usput budi rečeno, nijedna kuća u Trećem Kraljevstvu nema pločicu na vratima. Ljudi jednostavno znaju tko je vlasnik kuće, čak i bez pločice na vratima, jer se iz kuće širi divan miris koji izražava čisto i prelijepo srce vlasnika.

Kuće u Trećem Kraljevstvu imaju drukčije mirise i drukčiji sjaj svjetala. Što je više srce vlasnika nalik srcu Božjemu, to su divniji i sjajniji mirisi i svjetla.

Također, u Trećem Kraljevstvu daju vam se i kućni ljubimci i ptice, a oni su mnogo ljepši, blistaviji i dražesniji od onih u Prvom ili Drugom Kraljevstvu. Štoviše, na javno se korištenje daju i automobil-oblaci, pa ljudi mogu putovati diljem bezgraničnog neba koliko god žele.

Kao što sam već objasnio, u Trećem Kraljevstvu ljudi mogu posjedovati i činiti sve što požele. Život u Trećem Kraljevstvu ne može se zamisliti ni u najdivljijoj mašti.

Vijenac – život

U Otkrivenju 2,10 nailazimo na obećanje „vijenca – života" koji će se dati onima koji ostanu vjerni do smrti za kraljevstvo Božje.

Nemoj se bojati onoga što moraš podnijeti: evo, đavao će neke od vas baciti u tamnicu da vas iskuša, i trpjet ćete deset dana nevolju. Ostani vjeran do smrti, i dat ću ti vijenac – život!

Fraza „budi vjeran do smrti" ovdje se odnosi ne samo na to da se bude vjeran s vjerom mučenika, nego i da se ne čine kompromisi s ovim svijetom i da se postane u cijelosti svetim odbacivanjem od sebe svih grijeha do prolijevanja krvi. Bog nagrađuje sve one koji uđu u Treće Kraljevstvo vijencem – životom jer su ostali vjerni sve do smrti i jer su nadvladali svakovrsne kušnje i nevolje (Jakovljeva poslanica 1,12).

Kada ljudi iz Trećeg Kraljevstva posjećuju Novi Jeruzalem, stavljaju okrugli znak na desni rub tog vijenca. Kada ljudi iz Raja, Prvog Kraljevstva ili Drugog Kraljevstva posjećuju Novi Jeruzalem, stavljaju znak na lijevu stranu prsa. Vidite kako se razlikuje slava ljudi iz Trećeg Kraljevstva.

Međutim, ljudi u Novom Jeruzalemu pod posebnom su paskom Božjom pa im nisu potrebni znaci da bi se međusobno prepoznavali. S njima se postupa na vrlo izniman način kao s pravom djecom Božjom.

Kuće u Novom Jeruzalemu

Kuće u Trećem Kraljevstvu znatno se razlikuju od kuća u Novom Jeruzalemu po veličini, ljepoti i slavi.

Kao prvo, ako je površina najmanje kuće u Novom Jeruzalemu 100, onda je to u Trećem Kraljevstvu 60. Primjerice, ako je najmanja kuća u Novom Jeruzalemu površine od 100.000

četvornih metara, onda bi to u Trećem Kraljevstvu bilo 60.000 četvornih metara.

Međutim, razlikuje se i površina pojedinih kuća jer to u cijelosti ovisi o tomu koliko je njezin vlasnik radio na spašavanju što je moguće većeg broja duša i u izgradnji crkve Božje. Kao što Isus kaže u Evanđelju po Mateju 5,5: *„Blago krotkima, jer oni će baštiniti zemlju,"* ovisno o broju duša koje je vlasnik kuće krotkim srcem odveo u nebo, odredit će se i površina kuće u kojoj će on ili ona živjeti.

Tako da u Trećem Kraljevstvu i u Novom Jeruzalemu ima mnoštvo kuća većih od desetak tisuća četvornih metara, ali je čak i najveća kuća u Trećem Kraljevstvu mnogo manja od onih u Novom Jeruzalemu. Osim površine, razlikuju se i oblik, ljepota i drago kamenje kojima su kuće ukrašene.

U Novom Jeruzalemu nema samo dvanaest vrsta dragog kamenja za temelje, nego i mnoštvo drugog prekrasnog dragog kamenja. Ima dragog kamenja nezamislive veličine i prekrasnih boja. Ondje jednostavno ima toliko vrsta dragog kamenja da ih sve ne možemo niti nazvati imenom, a neko od njih sija svjetlom koje se dvaput ili triput presijava.

Naravno da i u Trećem Kraljevstvu ima mnoštvo dragog kamenja. Međutim, unatoč njihovoj raznovrsnosti, drago kamenje iz Trećeg Kraljevstva ne može se ni usporediti s onim u Novom Jeruzalemu. U Trećem Kraljevstvu nema dragog kamenja koje sija svjetlom koje se dvaput ili triput presijava. Drago kamenje u Trećem Kraljevstvu ima mnogo ljepša svjetla u usporedbi s onima u Prvom ili Drugom Kraljevstvu, ali ondje ima samo jednostavnog i osnovnog dragog kamenja, a čak je i ista vrsta dragog kamenja manje lijepa od onog u Novom Jeruzalemu.

Upravo zato ljudi u Trećem Kraljevstvu, koji se nalaze izvan Novog Jeruzalema punog Božje slave, gledaju ga i vječno čeznu za tim da budu ondje.

„Da sam se samo malo više trudio i
bio vjerniji u Božjoj kući..."
„Kad bi Otac samo jedanput zazvao moje ime..."
„Da sam barem još jedanput pozvan..."

U Trećem je Kraljevstvu nezamisliva količina sreće i ljepote, ali se one ne mogu ni usporediti s onima u Novom Jeruzalemu.

2. Kakvi ljudi idu u Treće Kraljevstvo?

Kad otvorite svoje srce i prihvatite Isusa Krista kao svojeg osobnog Spasitelja, na vas silazi Duh Sveti i uči vas sve o grijehu, pravednosti i sudu te vam pomaže spoznati istinu. Kad poštujete riječ Božju, odbacite od sebe svaku vrstu zloga i postanete posvećeni, u tom će stanju vašim dušama biti dobro – na četvrtoj razini vjere.

Oni koji dospiju na četvrtu razinu vjere toliko ljube Boga i Bog njih toliko ljubi da će ući u Treće Kraljevstvo. Pa kakva to osoba ima vjeru pomoću koje će ući u Treće Kraljevstvo?

Posvetiti se odbacivanjem od sebe svake vrste zloga

Za doba Starog zavjeta ljudi nisu primali Duha Svetoga. Pa tako nisu ni mogli vlastitom snagom od sebe odbaciti grijehe iz duboke unutrašnjosti svojih srdaca. I zbog toga se kaže da su oni provodili tjelesno obrezivanje, a sve dok se zlo ne bi pojavilo na djelu, nisu ga smatrali grijehom. Čak ni ako bi kome na um palo da ubije nekoga, to se nije smatralo grijehom dokle god ta misao ne bi rezultirala djelom. Tek kad bi se misao izvršila, smatrala se grijehom.

Međutim, za vrijeme Novog zavjeta, ako prihvatite Isusa Krista, Duh Sveti silazi u vaše srce. Ako vaše srce nije posvećeno, ne možete ući u Treće Kraljevstvo. I to zato što uz pomoć Duha Svetoga možete obrezati svoje srce.

Dakle, u Treće Kraljevstvo možete ući jedino ako ste od sebe odbacili svaku vrstu zloga, kao što su mržnja, preljub, pohlepa i tomu slično, i tek onda postali postali posvećeni. Pa kakve to osobe imaju posvećeno srce? To su osobe koje imaju onu vrstu duhovne ljubavi opisanu u Prvoj poslanici Korinćanima 13, devet darova Duha Svetoga u Poslanici Galaćanima 5 i blaženstva iz Evanđelja po Mateju 5, i koje su nalik svetosti Gospodnjoj.

Naravno da to ne znači da su te osobe na istoj razini kao i Gospodin. Bez obzira u kojoj mjeri čovjek od sebe odbaci svoje grijehe i postane posvećen, razina na kojoj je on toliko se razlikuje od razine na kojoj je Bog, koji je izvor svjetlosti.

Stoga, da biste posvetili svoje srce, prvo morate u svome srcu pripremiti plodnu zemlju. Drugim riječima, od svojega srca morate napraviti plodnu zemlju tako što nećete činiti ono što vam Biblija kaže da ne činite i tako što ćete od sebe odbaciti sve ono što vam Biblija kaže da odbacite. Tek ćete tada biti sposobni rađati dobrim plodovima jer je sjeme posijano. Baš kao što seljak sije sjeme tek nakon što uzore zemlju, tako će i sjeme posijano u vama proklijati, procvjetati i rađati plodom nakon što budete činili ono što vam Bog kaže da činite i poštovali ono što vam On kaže da poštujete.

Dakle, posvećenost se odnosi na stanje u kojemu se osoba čisti od izvornog grijeha i grijeha koja je sama počinila djelom Duha Svetoga nakon što se ponovno rodi po vodi i po Duhu Svetomu i vjeruje u otkupiteljsku snagu Isusa Krista. Opraštanje grijeha zbog vjerovanja u krv Isusa Krista razlikuje se od odbacivanja od sebe prirode grijeha u vama uz pomoć Duha Svetoga usrdnim molitvama i neprestanim postom.

Prihvatiti Isusa Krista i postati djetetom Božjim ne znači da su svi grijesi iz vašega srca do kraja uklonjeni. Još uvijek imate zla u sebi, kao što su mržnja, ponos i tomu slično, i upravo zato je ključan proces spoznavanja zla u sebi slušanjem riječi Božje i borbom protiv toga zla sve do prolijevanja krvi (Poslanica Hebrejima 12,4).

Na taj način od sebe odbacujete djela tijela i napredujete prema posvećenosti. Stanje u kojemu ste od sebe odbacili ne samo djela tijela, nego i težnje tijela u svome srcu, četvrta je razina vjere, stanje posvećenosti.

Posvećeni tek nakon odbacivanja grijeha u naravi

Kakvi su grijesi u nečijoj naravi? Sve su to grijesi koji su naslijeđeni kroz sjeme života od roditelja još od Adamova neposluha. Primjerice, možete vidjeti da neko novorođenče, makar još ni godinu dana staro, ima zle misli. Premda ga majka nikada nije učila zlu, poput mržnje ili ljubomore, ono se zna rasrditi i činiti zla djela ako njegova majka počne dojiti susjedovo novorođenče. Možda će čak pokušati odgurnuti susjedovo novorođenče ili će početi plakati, ispunjeno srdžbom, ako se to novorođenče ne udalji od njegove majke.

Slično tomu, razlog zbog kojega čak i novorođenče pokazuje znake zloga, premda nikad nije naučilo ništa zlo, jest taj da u njegovoj naravi ima grijeha. Također, grijesi koje ste sami počinili su grijesi koji se očituju u tjelesnim djelima koja slijede grješne težnje srca.

Naravno da je očito da će se, ako ste posvećeni po izvornom grijehu, odbaciti vaši grijesi koje ste sami počinili jer je uklonjen korijen grijeha. Zato je ponovno duhovno rođenje početak vaše posvećenosti, a posvećenost je usavršavanje vašeg ponovnog rođenja. Stoga, ako ste ponovno rođeni, nadam se da ćete živjeti uspješnim kršćanskim životom kako biste postigli posvećenost.

Ako se uistinu želite posvetiti i vratiti izgubljenu sliku Božju, i ako dadnete sve od sebe, uspjet ćete od sebe odbaciti grijehe u svojoj naravi uz pomoć milosti i snage Božje i uz pomoć Duha Svetoga. Nadam se da ćete sve više nalikovati svetom srcu Božjemu, kao što vas On i potiče: „Budite sveti jer sam ja svet!" (Prva Petrova poslanica 1,16).

Posvećeni, ali ne do kraja vjerni u Božjoj kući

Bog mi je omogućio da vodim duhovni razgovor s osobom koja je već preminula, a koja je ispunila uvjete za ulazak u Treće Kraljevstvo. Vrata njezine kuće ukrašena su dvama biserima savijenima u luk, a to je zbog toga što se ona toliko molila u suzama sa žaljenjem i ustrajnošću dok je bila na ovoj zemlji. Bila je odana vjernica koja je molila za kraljevstvo i pravednost

Božju, ali i za svoju crkvu, njezine svećenike i članove, s mnogo ustrajnosti i suza.

Prije nego što je upoznala Gospodina, bila je siromašna i nesretna, a nije uspijevala posjedovati čak ni komadić zlata. Nakon što je prihvatila Gospodina, mogla je potrčati ususret posvećenosti jer je uspijevala iskazivati poslušnost istini nakon što ju je spoznala slušajući Božju riječ.

Također, mogla je vršiti dobro svoje dužnosti jer je od svećenika kojega Bog vrlo ljubi primila brojne poduke, i dobro mu je služila. Zbog toga je ona uspjela završiti na još blistavijem i slavnijem mjestu unutar Trećeg Kraljevstva.

Nadalje, na vrata njezine kuće bit će stavljen blistavi dragi kamen iz Novog Jeruzalema. To je dragi kamen koji je ona dobila od svećenika kojemu je služila na ovoj zemlji. On će ga izvaditi iz skupine dragog kamenja u svojoj dnevnoj sobi i staviti ga na vrata njezine kuće kad je ondje posjeti. Taj će dragi kamen biti ujedno i znak da će jako nedostajati svećeniku kojemu je služila na ovoj zemlji zato što nije uspjela ući u Novi Jeruzalem iako mu je na ovoj zemlji bila od velike pomoći. Mnoštvo ljudi u Trećem Kraljevstvu zavidjet će joj na tom dragom kamenu.

Međutim, njoj je još uvijek žao zato što nije uspjela ući u Novi Jeruzalem. Da je bila dovoljno vjerna da uđe u Novi Jeruzalem, bila bi s Gospodinom, svećenikom kojemu je služila na ovoj zemlji i drugim ljubljenim članovima svoje crkve u budućnosti. Da je bila samo malo vjernija na ovoj zemlji, mogla bi bila ući u Novi Jeruzalem, ali je ona zbog svojeg neposluha propustila priliku kad joj je bila dana.

Pa ipak, ona je toliko zahvalna i duboko dirnuta zbog slave koja joj je dana u Trećem Kraljevstvu i ispovijeda na sljedeći način. Zahvalna je zato što je za nagradu primila dragocjenosti, od kojih nijednu ne bi bila zavrijedila po vlastitim zaslugama.

„Čak iako nisam uspjela ući u Novi Jeruzalem, koji je pun Očeve slave, jer nisam bila savršena u svemu, ipak u ovom prekrasnom Trećem Kraljevstvu imam svoju kuću. Moja je kuća tako prostrana i lijepa. I premda i nije toliko velika u usporedbi s kućama u Novom Jeruzalemu, dane su mi, osim nje, još i brojne fantastične i veličanstvene stvari koje ovaj svijet ne može čak ni zamisliti.

Nisam ništa učinila. Nisam ništa dala. Nisam učinila ništa što je uistinu od pomoći. I nisam učinila ništa što bi Gospodinu pričinilo veselje. Pa ipak, slava koju imam ovdje toliko je velika da mogu samo žaliti i biti zahvalna. Zahvaljujem Bogu što mi je dopustio da ostanem na još slavnijem mjestu unutar Trećeg Kraljevstva."

Ljudi s vjerom mučenika

Baš kao što osoba koja toliko ljubi Boga i postane posvećena u svome srcu može ući u Treće Kraljevstvo, tako i vi možete ući barem u Treće Kraljevstvo ako imate vjeru mučenika s kojom možete sve posvetiti, čak i svoj život, za Boga.

Članovi rane kršćanske crkve, koji su zadržavali svoju vjeru dok su im sjekli glave, bacali za hranu lavovima u rimskom Koloseju ili spaljivali, primit će nagradu mučenika na nebu. Nije lako postati mučenikom u takvim uvjetima teškog progona i prijetnja.

Oko vas mnoštvo je ljudi koji ne svetkuju Dan Gospodnji ili

koji zanemaruju dužnosti koje im je Bog dao zbog svoje pohlepe za novcem. Takva vrsta ljudi, koji ne mogu poštovati ni male stvari, nikada ne bi mogla sačuvati svoju vjeru u situacijama opasnima po život, a kamoli postati mučenikom.

Kakvi ljudi onda imaju vjeru mučenika? To su oni pravedna i nepromijenjena srca poput srca Danielova iz Staroga zavjeta. Međutim, licemjeri koji traže samo vlastitu korist i rade kompromise s ovim svijetom imaju vrlo male šanse da postanu mučenicima.

Oni koji mogu postati pravim mučenicima moraju biti nepromijenjena srca poput Daniela. On je sačuvao svoju pravednost vjere iako je dobro znao da će ga baciti u lavlju jazbinu. Očuvao je svoju vjeru sve do zadnjeg trena, kad je bačen u lavlju jazbinu prijevarom zlih ljudi. Daniel nikada nije skrenuo s puta istine jer je njegovo srce bilo čisto i bistro.

Tako je i sa Stjepanom iz Novog zavjeta. Njega su nasmrt kamenovali dok je naviještao evanđelje Gospodnje. I Stjepan je bio posvećen čovjek koji se mogao moliti čak i za one koji su ga kamenovali unatoč njegovoj nedužnosti. Pa koliko će ga samo Gospodin ljubiti? On će zauvijek hodati na nebu s Gospodinom, a njegova ljepota i slava bit će silne. Zato morate shvatiti da je najvažnije postići pravednost i posvećenost srca.

Malo je onih koji danas imaju pravu vjeru. Čak je Isus pitao: *„Ali, hoće li Sin Čovječji, kada dođe, zateći vjeru na zemlji?"* (Evanđelje po Luki 18,8). Koliko ćete biti dragocjeni u Božjim očima ako postanete posvećeno dijete očuvanjem vjere i odbacivanjem od sebe svake vrste zloga još u ovom svijetu koji je pun grijeha?

I zato molim u ime Gospodnje da se usrdno molite i brzo posvetite svoje srce, s radošću iščekujući slavu i nagrade koje će vam Bog Otac dati na nebu.

Deseto poglavlje

Novi Jeruzalem

1. Ljudi u Novom Jeruzalemu gledaju Boga licem u lice
2. Kakvi ljudi idu u Novi Jeruzalem?

I vidjeh kako sveti Grad, novi Jeruzalem,
silazi od Boga s neba
opremljen poput zaručnice
koja je nakićena za svoga muža.

- Otkrivenje 21,2 -

U Novom Jeruzalemu, što je najljepše mjesto na nebu i puno slave Božje, nalazi se Prijestolje Božje, zamci Gospodina i Duha Svetoga i kuće ljudi koji su Bogu bili mili zbog svoje najviše razine vjere.

Kuće se u Novom Jeruzalemu pripravljaju na najljepši mogući način, na način koji bi željeli budući gospodari tih kuća. Da biste ušli u Novi Jeruzalem, čist i prekrasan kao kristal, i ondje zauvijek dijelili pravu ljubav s Bogom, ne samo da morate nalikovati svetom srcu Božjem, nego i vršiti svoju dužnost baš kao što je i Gospodin Isus to činio.

Dakle, kakvo je mjesto Novi Jeruzalem i kakvi ljudi odlaze onamo?

1. Ljudi u Novom Jeruzalemu gledaju Boga licem u lice

Novi Jeruzalem, zvan još i nebeski Sveti Grad, lijep je poput zaručnice koja se nakitila za svoga muža. Ondašnji ljudi imaju tu povlasticu da Boga susreću licem u lice jer se ondje nalazi i Njegovo prijestolje.

Još se naziva i „grad slave" jer ćete od Boga primiti vječnu slavu kada uđete u Novi Jeruzalem. Zidovi su od jaspisa, a grad od čistog zlata, prozirnog poput stakla. Na svakoj od četiri strane svijeta imadu po troja gradska vrata – na sjeveru, jugu, istoku i zapadu – a ta vrata čuva po jedan anđeo. Dvanaest temelja tog grada načinjeno je od dvanaest različitih vrsta dragog kamenja.

Dvanaest bisernih gradskih vrata Novog Jeruzalema

A zašto je dvanaest gradskih vrata Novog Jeruzalema načinjeno od bisera? Školjka dugo preživljava i sav svoj sok daje da bi napravila jedan biser. Isto tako, i vi morate od sebe odbaciti grijehe, boreći se protiv njih sve do prolijevanja svoje krvi i biti vjerni do smrti pred Bogom u ustrajnosti i uzdržljivosti. Bog je ta vrata načinio od biserja jer svoje probleme morate nadvladati s radošću da biste vršili dužnosti koje vam je Bog dao, čak i ako hodite uskim putom.

Pa kad osoba koja ulazi u Novi Jeruzalem prođe kroz biserna vrata, ona plače suzama radosnicama u uzbuđenju. Ona neizrecivo zahvaljuje Bogu i slavi Njega, koji ju je doveo u Novi Jeruzalem.

A zašto je Bog dvanaest temelja načinio od dvanaest različitih vrsta dragog kamenja? Zato što je kombinacija značaja dvanaest vrsta dragog kamenja sâmo srce Gospodina i Boga Oca.

I zato biste trebali shvatiti duhovno značenje svakog dragog kamena i to duhovno značenje osjetiti u svojem srcu da biste ušli u Novi Jeruzalem. Ta ću značenja u pojedinosti objasniti u knjizi *Nebo II.: Ispunjeno Božjom Slavom.*

Kuće u Novom Jeruzalemu u savršenom jedinstvu i raznolikosti

Kuće u Novom Jeruzalemu su poput zamaka po veličini i veličanstvenosti. Svaka je jedinstvena, već prema preferencijama vlasnika, a u savršenom je jedinstvu i raznolikosti. Također, razne boje i svjetla koji izlaze iz dragog kamenja tjeraju vas da osjetite ljepotu i slavu koje se ne mogu izreći.

Može se prepoznati kome pripada svaka kuća jednostavnim pogledom na kuću. Tad se shvaća u kojoj je mjeri vlasnik koje kuće omilio Bogu dok su on ili ona bila na ovoj zemlji samo promatranjem svjetla slave i dragog kamenja kojima je kuća ukrašena.

Primjerice, kuća osobe koja je na ovoj zemlji postala mučenikom bit će ukrašena tako da se vide vlasnikovo srce i postignuća do mučeništva. Na zlatnu ploču urezuje se zapis i sija blistavim svjetlom. Na njemu stoji: „Vlasnik ove kuće postao je mučenikom i ispunio volju Očevu dana __mjeseca __godine ___."

Čak i s dvorišnih vrata ljudi će moći vidjeti blistavo svjetlo koje izlazi iz zlatne ploče na kojoj su zapisana vlasnikova postignuća, a svi oni koji to budu vidjeli naklonit će se. Mučeništvo je velika slava i nagrada, a ono je Bogu na ponos i na veselje.

Budući da na nebu nema zla, ljudi će automatski nakloniti svoju glavu prema rangu i jačini ljubavi Božje prema toj osobi. Također, baš kao što se ljudima daje plaketa zahvalnosti ili zasluga da bi se proslavila velika postignuća, tako i Bog daje plaketu svakome pojedinome sudioniku proslave radi slavljenja Boga. Vidi se da se mirisi i svjetla razlikuju ovisno o vrsti plakete.

Nadalje, Bog u kuće ljudi stavlja nešto što ih podsjeća na njihov život na ovoj zemlji. Naravno da čak i na nebu možete promatrati događaje iz prošlosti na ovoj zemlji na nečemu što je nalik televizoru.

Zlatni vijenac ili vijenac pravednosti

Ako uđete u Novi Jeruzalem, u osnovi će vam se dati osobna kuća i zlatni vijenac, a vijenac pravednosti daje se ovisno o vašim djelima. To je najsjajniji i najljepši vijenac na nebu.

Sami Bog daje zlatne vijence onima koji uđu u Novi Jeruzalem, a oko prijestolja Božjega dvadeset i četiri su Starca sa zlatnim vijencima.

> *I uokolo prijestolja još dvadeset i četiri prijestolja na kojima su sjedila dvadeset i četiri Starca, obučena u bijele haljine, sa zlatnim vijencima na svojim glavama* (Otkrivenje 4,4).

Riječ „Starci" se ovdje ne odnosi na titulu starješina koja se daje u ovozemaljskim crkvama, nego onima koji su u Božjim očima pravedni i koje Bog kao takve prepoznaje. Oni su posvećeni i izgradili su svetište u svojim srcima, kao i vidljivo svetište. „Ostvariti svetište u svome srcu" znači postati osobom duha koja je od sebe odbacila svaku vrstu zloga. Izgraditi vidljivo svetište znači propisno vršiti dužnosti na ovoj zemlji.

Broj „dvadeset i četiri" predstavlja sve ljude koji su prošli kroz vrata spasenja vjerom, poput dvanaest plemena Izraelovih, i koji su postali posvećeni, poput dvanaest učenika Gospodina Isusa. Stoga se „dvadeset i četiri Starca" odnose na djecu Božju koju Bog prepoznaje i koja su vjerna u Božjoj kući.

Dakle, oni koji imaju vjeru poput zlata koje se nikada ne mijenja primit će zlatne vijence, a oni koji čeznu za pojavljivanjem Gospodinovim, poput apostola Pavla, primit će vijenac pravednosti.

Dobar sam boj bio, trku dovršio, vjernost sačuvao. Za budućnost mi je spremljen vijenac pravednosti koji će mi u onaj Dan dati Gospodin, pravedni sudac, i ne samo meni, nego i svima koji čeznutljjivo čekaju njegovo pojavljivanje (Druga poslanica Timoteju 4,7-8).

Oni koji čeznu za pojavljivanjem Gospodinovim očito žive u svjetlu i istini, pa će postati dobro pripravljenim posudama i zaručnicama Gospodinovim. Stoga će oni primiti i prikladne vijence.

Apostola Pavla nisu nadjačali nikakvi progoni ni teškoće, on je samo nastojao proširiti kraljevstvo Božje i ostvariti Njegovu pravednost u svemu9+ što je činio. Uvelike je otkrivao slavu Božju kamo god da je išao svojim radom i ustrajnošću. I zbog toga je za apostola Pavla Bog pripravio vijenac pravednosti. A On će ga dati i svima onima koji poput apostola Pavla čeznu za Njegovim pojavljivanjem.

Ispunit će se svaka želja u njihovim srcima

Što vam je bilo na pameti na ovoj zemlji, što ste voljeli raditi, ali ste to ostavili radi Gospodina – Bog će vam sve to vratiti u vidu prekrasnih nagrada u Novom Jeruzalemu.

Tako da kuće u Novom Jeruzalemu imaju sve što ste ikad željeli imati, pa možete činiti sve što ste ikad poželjeli. Neke kuće imaju jezera, pa se vlasnici mogu voziti čamcima, a neke imaju šume u kojima se može šetati. A može se uživati i u razgovoru sa svojim najmilijima uz čaj za stolom u kutu prekrasnog vrta. Ima kuća s livadama prekrivenima travnjacima i cvijetnjacima, pa ljudi mogu šetati i pjevati hvalospjeve Bogu s raznim pticama i drugim prelijepim životinjama.

Na taj je način Bog na nebu načinio sve što ste željeli imati na ovoj zemlji, i nije propustio ništa. Koliko ćete samo biti ganuti kad vidite sve to što je Bog pripravio za vas velikom pažnjom?

Zapravo, sama činjenica da možete ući u Novi Jeruzalem izvor je sreće. Živjet ćete vječno u nepromjenjivoj sreći, slavi i ljepoti. Bit ćete puni radosti i uzbuđenja kad pogledate zemlju, kad pogledate nebo, kad bacite pogled bilo kamo.

Sâmim boravkom u Novom Jeruzalemu ljudi se osjećaju mirno, ugodno i sigurno jer ga je Bog pripravio za svoju djecu koju istinski ljubi, a svaki njegov kutak ispunjen je Njegovom ljubavi.

Tako da, ma što radili – bilo da šećete, odmarate, igrate se, jedete ili razgovarate s drugim ljudima – bit ćete ispunjeni srećom i veseljem. Drveće, cvijeće, trava, pa čak i životinje, sve je to prekrasno, a vi ćete osjećati veličanstvenu slavu pogledom na zidove zamka, ukrase i površine u kući.

U Novom Jeruzalemu ljubav prema Bogu Ocu je poput fontane, a vi ćete biti ispunjeni vječnom srećom, zahvalnošću i veseljem.

Gledanje Boga licem u lice

U Novom Jeruzalemu, gdje je najviša razina slave, ljepote i sreće, možete se susresti s Bogom licem u lice i šetati s Gospodinom, a možete za vijeke vijekova ondje živjeti sa svojim najmilijima.

Neće vam se diviti samo anđeli i nebeske vojske, nego i svi ljudi na nebu. Nadalje, vaši će vam osobni anđeli služiti kao kralju, savršeno udovoljavajući svim vašim željama i potrebama. Ako zaželite letjeti nebom, doći će vaš osobni automobil-oblak i zaustavit će se pred vašim nogama. Čim uđete u taj automobil-oblak, moći ćete letjeti nebom koliko god želite, a u njemu se možete odvesti i na zemlju.

Dakle, ako uđete u Novi Jeruzalem, gledat ćete Boga licem u lice, živjet ćete vječno sa svojim najmilijima, a sve će se vaše želje ispunjavati u trenu. Možete dobiti sve što poželite, a s vama će postupati kao s kraljevićem ili kraljevnom u bajci.

Sudjelovanje na gozbama u Novom Jeruzalemu

U Novom se Jeruzalemu uvijek održavaju gozbe. Ponekad je sam Otac domaćin tih gozba, a katkad su to Gospodin ili Duh Sveti. Radost življenja na nebu može se vrlo dobro osjetiti na tim gozbama. Možete osjetiti obilje, slobodu, ljepotu i veselje u jednom trenu na tim gozbama.

Kada sudjelujete na gozbama čiji je domaćin Otac, obući ćete svoju najljepše haljine i staviti najljepše ukrase, jest ćete najbolju hranu i piti najbolja pića. Također ćete uživati u dražesnoj i prelijepoj glazbi, hvalospjevima i plesu. Možete gledati ples anđela, a ponekad možete i sami plesati da omilite Bogu.

Anđeli su ljepši i imaju savršenije tehnike, ali Bogu je milija aroma Njegove djece koja poznaju Njegovo srce i ljube Ga iz dubine svojih srca.

Oni koji su služili misna slavlja kao prinos Bogu na ovoj zemlji također će služiti i na tim gozbama radi većeg blaženstva, a oni koji su Boga slavili pjesmom, plesom i glumom činit će to isto i na nebeskim gozbama.

Obući ćete mekanu, pahuljastu haljinu raznih boja i uzoraka, stavit ćete prekrasni vijenac, i ukrasit ćete se dragim kamenjem blistavog sjaja. Vozit ćete se automobil-oblakom ili zlatnom kočijom u pratnji anđela da biste stigli na gozbe. Zar ne lupa srce vaše veseljem i iščekivanjem kad samo pokušate sve to zamisliti?

Festival krstarenja po moru od stakla

U prekrasnom moru na nebu mreška se struja čiste i bistre vode koja je nalik kristalu bez mane i greške. Povjetarac radi blage valove na vodi tog plavog mora, a ono sjaji blistavim sjajem. U prozirnoj vodi plivaju brojne vrste riba, a kad im ljudi priđu, one ih pozdravljaju mahanjem peraja i priznavanjem svoje ljubavi.

I koralji raznobojni sakupljaju se u skupine i njišu. Svaki put kad se pomaknu, emitiraju svjetla mnogih prekrasnih boja. Kako je čudesan taj prizor! U moru su brojni otočići, a oni izgledaju veličanstveno. Štoviše, krstaši poput „Titanica" plove uokolo, a na palubama tih brodova održavaju se gozbe.

Ti su brodovi opremljeni svim mogućim opcijama, uključujući i udoban smještaj, dvorane za kuglanje, bazene i balske dvorane pa ljudi mogu uživati u čemu god požele.

Samo zamisliti sve festivale na tim brodovima, koji su veličanstveniji i mnogo ljepše ukrašeni od bilo kojeg luksuznog krstaša na ovoj zemlji, u društvu s Gospodinom i svojim najmilijima izaziva u nama tako veliku radost.

2. Kakvi ljudi idu u Novi Jeruzalem?

Oni čija je vjera poput zlata, koji čeznu za pojavljivanjem Gospodinovim i koji se pripravljaju kao zaručnica Gospodinova, oni će ući u Novi Jeruzalem. Pa kakva to osoba moraš biti da bi ušla u Novi Jeruzalem koji je čist i lijep poput kristala i pun Božje milosti?

Ljudi čija je vjera Bogu mila

Novi je Jeruzalem mjesto za one koji se nalaze na petoj razini vjere – oni koji su u cijelosti posvećeni u svojim srcima, ali su bili i vjerni u Božjoj kući.

Vjera mila Bogu je vrsta vjere s kojom je Bog u cijelosti zadovoljan pa želi ispuniti prošnje i želje svoje djece prije nego što ona to zatraže.

Pa kako možete omiljeti Bogu? Dat ću vam jedan primjer. Recimo da se otac vrati kući s posla i da kaže svojoj dvojici sinova da je žedan. Prvi sin, koji zna da njegov otac voli sokove, donijet će svome ocu čašu Coca Cole ili Spritea. A taj će sin još i izmasirati svojeg oca radi njegove ugode, čak i onda kada otac to nije tražio.

S druge strane, drugi će sin svome ocu donijeti samo čašu vode i vratiti se u svoju sobu. Eh sad, koji od te dvojice sinova može više zadovoljiti svojega oca, razumjeti očevo srce?

Mora biti da je ocu bio miliji sin koji mu je donio čašu soka, koji on toliko voli, i izmasirao ga, iako on to nije tražio, od sina koji mu je donio samo čašu vode tek da bi ga poslušao.

Isto tako, razlika među onima koji ulaze u Treće Kraljevstvo i onih koji ulaze u Novi Jeruzalem upravo je u onoj mjeri u kojoj su ljudi zadovoljavali srce Boga Oca i bili vjerni po volji Očevoj.

Ljudi samog Duha sa srcem poput Gospodinova

Oni koji imaju vjeru koja je Bogu mila svoja srca pune samo istinom i vjerni su u Božjoj kući. Biti vjeran u Božjoj kući znači vršiti svoje dužnosti više od onoga što se od tebe očekuje s vjerom samog Krista, koji je bio poslušan volji Očevoj sve do smrti i nije mario za vlastiti život.

Dakle, oni koji su vjerni u Božjoj kući ne čine djela svojim mislima i umom, nego samo sa srcem Gospodinovim, duhovnim srcem. Pavao opisuje srce Gospodina Isusa u Poslanici Filipljanima 2,6-8.

[Isus Krist] On bijaše jednak Bogu i ne zadrža ljubomorno biti kao Bog, nego se odreče i postade sluga i ljudima jednak. Njegov život bî život čovjekov; ponizi se i bî poslušan do smrti, do smrti na križu.

Zauzvrat Bog Ga je uznio na nebo, dao Mu je ime nad svim imenima, dao Mu da sjedi zdesna Očeva prijestolja u slavi i dao Mu je vlast kao „Kralju nad kraljevima" i „Gospodaru nad gospodarima."

I zato, baš kao što je i Isus učinio, i vi morate biti u stanju bezuvjetno biti poslušni volji Očevoj kako biste stekli vjeru za ulazak u Novi Jeruzalem. Dakle, onaj koji može ući u Novi Jeruzalem mora moći pojmiti samu dubinu srca Božjega. Takva će osoba biti mila Bogu jer je vjerna do smrti u vršenju volje

Božje.

Bog oplemenjuje svoju djecu i vodi ih k vjeri poput zlata da bi ona mogla ući u Novi Jeruzalem. Baš kao što rudar dugo ispire i filtrira pijesak u potrazi za zlatom, tako i Bog ne skida svoje oči sa svoje djece dok se ona pretvaraju u prekrasne duše i ispiru svoje grijehe Njegovom riječi. Kad god On pronađe djecu koja imaju vjeru poput zlata, On se veseli, unatoč svim bolima, agonijama i patnjama koje je morao podnijeti da bi ostvario svrhu kultiviranja ljudi.

Oni koji uđu u Novi Jeruzalem prava su djeca koju je Bog stekao čekajući dugo vremena dok ona nisu preobrazila svoja srca u srce Gospodinovo i postala sâmi duh. Ona su Bogu toliko dragocjena i On ih neizmjerno ljubi. I upravo nas zato Bog potiče ovako: *„A sâm Bog mira neka vas potpuno posveti! I neka potpuno sačuva vaš duh, vašu dušu i vaše tijelo da budete bez prijekora kada dođe naš Gospodin, Isus Krist"* u Prvoj poslanici Solunjanima 5,23.

Ljudi koji dužnost mučeništva vrše s veseljem

Mučeništvo znači odricanje od vlastitog života. Stoga zahtijeva čvrstu odlučnost i veliku predanost. Slava i ugoda koje se prime nakon što se netko odrekne svoga života da bi vršio volju Božju, kao što je to Isus činio, ne mogu se čak ni zamisliti.

Naravno da svi koji uđu u Treće Kraljevstvo ili Novi Jeruzalem imaju vjeru mučenika, ali onaj koji uistinu postane mučenikom prima mnogo veću slavu. Ako niste u prilici postati mučenikom, morate imati srce mučenika, postići posvećenost i potpuno vršiti svoje dužnosti da biste primili nagradu mučenika.

Bog mi je jednom prilikom otkrio slavu svećenika moje crkve koju će on primiti u Novom Jeruzalemu nakon što izvrši svoju dužnost mučeništva.

Kad on dospije na nebo nakon vršenja svoje dužnosti, lijevat će suze na pogled na svoju kuću u zahvalnosti na Božjoj ljubavi. Na dvorišnim vratima kuće ogromni je vrt s raznovrsnim cvijećem, drvećem i drugim ukrasima. Iz vrta do glavne zgrade vodi put od zlata, a cvijeće slavi postignuća svojeg vlasnika i tješi ga ugodnim mirisima.

Nadalje, ptice zlatnog perja emitiraju svjetla, a u vrtu su prekrasna stabla. Bezbrojni anđeli, sve životinje, pa čak i ptice, svi slave postignuće mučeništva i pozdravljaju ga, a dok on šeće po cvjetnoj šetnici, njegova ljubav prema Gospodinu pretvara se u prekrasnu aromu. Neprestance priznaje svoju zahvalnost iz dubine svojega srca.

„Gospodin me je uistinu toliko ljubio i dao mi je dragocjenu dužnost! I upravo zato smijem ostati u ljubavi Očevoj!"

Unutar kuće zidove krasi brojno dragocjeno drago kamenje, a svjetla karneola crvenog poput krvi i zelenog safira su izvanredno blistava. Karneol je znak da je on imao dovoljno entuzijazma da se odrekne vlastitog života i strastvene ljubavi, baš poput apostola Pavla. Safir predstavlja njegovo nepromjenjivo, pravedno srce i integritet da sačuva istinu sve do smrti. To je na znak sjećanja na mučeništvo.

Na vanjskim zidovima je natpis koji je napisao sami Bog. Tu su zapisana vremena vlasnikovih kušnja, kad je i kako postao mučenikom te u kakvim je uvjetima vršio volju Božju. Kada ljudi od vjere postanu mučenicima, oni slave Boga ili Ga ponekad veličaju riječima. Takve su opaske također zapisane na tom zidu. Natpis sjaji toliko blistavim svjetlom da je svatko pod dojmom i sretan čitajući ga i promatrajući svjetla koja izlaze iz njega. Koliko je to samo impresivno jer ga je napisao sâmi Bog, sâmo svjetlo! Tako se svi koji posjećuju njegovu kuću klanjaju pred tim zapisima koje je napisao sâmi Bog!

Na unutarnjim zidovima dnevne sobe brojni su velīki paravani s raznovrsnim muralima. Na crtežima se objašnjava kako se on ponašao otkako se prvi put susreo s Gospodinom – koliko je ljubio Gospodina i kakva je sve djela činio s kakvim srcem u određeno vrijeme.

A u jedom kutku vrta raznovrsna je sportska oprema načinjena od čudesnih materijala i ukrašena ukrasima nezamislivima na ovoj zemlji. Bog ih je načinio da ga tješe jer je on veoma volio sportove, ali ih se odrekao radi svoje službe. Bućice nisu načinjene od metala ili čelika kao na ovoj zemlji, nego ih je sam Bog načinio s posebnim ukrasima. Nalikuju dragom kamenju koje sjaji blistavim sjajem. Zanimljivo je da su drukčije težine ovisno o osobi koja vježba njima. Ta se oprema ne koristi za održavanje u formi, nego se drži poput suvenira kao izvor utjehe.

Kako će se on samo osjećati kad vidi sve to što je Bog pripravio za njega? On se za Gospodina morao odreći svojih želja, ali sad mu je srce utješeno, a on je toliko zahvalan na ljubavi Boga Oca.

On jednostavno ne može prestati zahvaljivati Bogu i slaviti Ga u suzama jer je Božje osjetljivo i brižno srce pripravilo sve što je on ikada želio, ne propuštajući ni najmanju želju njegova srca.

Ljudi potpuno ujedinjeni s Gospodinom i Bogom

U Novom mi je Jeruzalemu Bog pokazao kuću veliku kao velegrad. Bila je toliko čudesna da se nisam mogao prestati čuditi njezinoj veličini, ljepoti i sjaju.

Ta kuća ogromne površine ima dvanaest dvorišnih vrata – po troja vrata na svakoj strani svijeta, sjeveru, jugu, istoku i zapadu. U središtu se nalazi ogromni zamak na tri kata, ukrašen čistim zlatom i svakovrsnim dragim kamenjem.

Na prvom je katu veliki hodnik kojemu s jednog kraja ne možeš sagledati drugi kraj, a ondje je i mnogo dnevnih soba. One se koriste kao sobe za gozbe ili sastanke. Na drugom su katu sobe za čuvanje i izlaganje vijenaca, odjeće i suvenira, a ondje su i sobe za prijam proroka. Treći se kat koristi isključivo za susrete s Gospodinom i dijeljenje ljubavi s Njime.

Oko zamka su zidovi prekriveni cvijećem prekrasnih mirisa. Rijeka, Voda života, mirno teče oko zamka, a nad rijekom se protežu mostovi od oblaka u obliku lukova duginih boja.

U vrtu je mnoštvo raznovrsnog cvijeća, drveća i trava pridonose savršenoj ljepoti. S druge strane rijeke prostrana je šuma kakva se ne može ni zamisliti.

Tu je i zabavni park s brojnim zanimljivostima, poput kristalnog vlaka, vožnje vikinškim brodom načinjenim od zlata i druge naprave ukrašene dragim kamenjem. One emitiraju blistava svjetla dok se okreću. Pokraj zabavnog parka nalazi se široka cvjetna šetnica, a ponad nje livada po kojoj se igraju i mirno odmaraju životinje, nalik tropskim poljanama na ovoj zemlji.

Osim tog zamka, ima mnoštvo drugih kuća i zgrada ukrašenih raznovrsnim dragim kamenjem koje emitira prekrasna i blistava svjetla po cijelom kraju. Pokraj tog vrta nalazi se i vodopad, a iza brda je more po kojem plove veliki krstaši poput „Titanica." Sve je to dio samo jedne kuće, pa možete zamisliti koliko je velika i prostrana ta kuća.

Ta kuća, nalik na velegrad, je turističko središte neba, koje privlači brojne ljude ne samo iz Novog Jeruzalema, nego i iz svih drugih krajeva neba. Ljudi ondje uživaju i dijele svoju ljubav prema Bogu. A i bezbrojni anđeli služe vlasniku, brinu se za zgrade i površine, idu u pratnji automobil-oblaka i slave Boga plesom i sviranjem glazbala. Sve je pripremljeno za najveću sreću i udobnost.

Bog je pripravio tu kuću jer je njezin vlasnik nadvladao svakovrsne testove i kušnje vjerom, nadom i ljubavlju i odveo brojne ljude na put spasenja riječju života i snagom Božjom, ljubeći Boga iznad svega ostaloga.

Bog ljubavi sjeća se svih vaših nastojanja i suza i plaća vam po vašim djelima. A On želi da svi budu ujedinjeni s Njim i Gospodinom životnonosnom ljubavlju i da postanu duhovni djelatnici koji će bezbrojne ljude odvesti na put spasenja.

Oni koji imaju vjeru koja je Bogu mila mogu se ujediniti s Njim i s Gospodinom svojom životonosnom ljubavlju jer ne samo da su oni nalik srcu Gospodnjemu i ne samo da su se preobrazili u sâmi duh, nego su i život svoj dali da bi postali mučenicima. Takvi ljudi istinski ljube Boga i Gospodina. Čak i da nema neba, oni ne bi žalili niti bi osjećali da su na gubitku zbog svega u čemu su mogli uživati i što su mogli poduzimati na ovoj zemlji. Oni se u svojim srcima osjećaju toliko sretnima i veselima što djeluju po riječi Božjoj i za Gospodina.

Naravno da ljudi prave vjere žive u nadi za nagrade koje će im Gospodin dati na nebu, baš kao što stoji u Poslanici Hebrejima 11,6: „*A bez vjere je nemoguće svidjeti se; jer onaj koji hoće pristupiti Bogu mora povjerovati da postoji Bog i da nagrađuje one koji ga traže.*"

Međutim, njima nije važno ima li neba ili ga nema, ima li nagrada ili ne, jer za njih postoji nešto mnogo dragocjenije. Oni su najsretniji da susretnu Boga Oca i Gospodina, koje iskreno ljube. Stoga, nemogućnost susreta s Bogom Ocem i Gospodinom veća je nesreća i žalost za njih od neprimanja nagrada ili življenja na nebu.

Oni koji pokazuju svoju besmrtnu ljubav prema Bogu i Gospodinu time što će dati čak i svoje živote, čak i da nema sretnog života na nebu, ujedinjeni su s Ocem i Gospodinom, svojom zaručnicom, svojom životonosnom ljubavlju. Kako će samo biti veliki slava i nagrade koje je njima Bog pripravio!

Apostol Pavao, koji je čeznuo za pojavljivanjem Gospodinovim i primio se Gospodinovih djela i tako priveo mnoge na put spasenja, ispovijeda ovako:

Jer, siguran sam da nas neće ni smrt, ni život, ni anđeli, ni poglavarstva, ni sadašnje, ni buduće, ni sile, ni visina, ni dubina, ni bilo koji drugi stvor moći rastaviti od ljubavi Božje koja je u Kristu Isusu,

Gospodinu našemu (Poslanica Rimljanima 8,38-39).

Novi je Jeruzalem mjesto za djecu Božju koja su ujedinjena s Bogom Ocem takvom vrstom ljubavi. Novi Jeruzalem, koji je čist i prekrasan kao kristal, gdje su nezamislivi sreća i veselje koji preplavljuju, pripravljen je na takav način.

Bog Otac ljubavi želi ne samo da svatko bude spašen, nego i da svatko bude nalik Njegovoj svetosti i savršenosti pa da dođe u Novi Jeruzalem.

I zato molim u ime Gospodnje da shvatite da će se Gospodin, koji je uzašao na nebo da vam pripravi mjesto, uskoro vratiti i da se preobrazite u sâmi duh i budete bez prijekora da postanete prelijepa zaručnica koja će priznati: „Dođi skoro, Gospodine Isuse."

Autor:
Dr Jaerock Lee

Dr. Jaerock Lee rođen je 1943. u Muanu, provincija Jeonnam, Republika Koreja. U svojim dvadesetim godinama Dr. Lee je sedam godina bolovao od niza neizlječivih bolesti i iščekivao smrt bez ikakve nade u oporavak. Međutim, jednoga dana, u proljeće 1974., njegova ga je sestra odvela u crkvu, a, kada je kleknuo da se pomoli, živi ga je Bog smjesta ozdravio od svih njegovih bolesti.

Od trenutka kada je Dr. Lee upoznao živoga Boga putem tog prekrasnog iskustva, ljubio je Boga svim svojim srcem i dušem, a 1978. pozvan je da postane sluga Božji. Usrdno se molio da jasno spozna Božju volju, da je u cijelosti provede u djelo i da poštuje Riječ Božju. 1982. utemeljio je crkvu Manmin Central Church u Seulu, Koreja, a u toj su se crkvi događala brojna djela Božja, uključujući i čudesna ozdravljenja i znamenja.

1986. Dr. Lee zaređen je za pastora na Godišnjoj skupštini crkve Jesus' Sungkyul Church iz Koreje, a četiri godine kasnije, 1990., njegove su propovijedi Dalekoistočna televizijska kuća, Azijska televizijska postaja i Kršćanski radio Washingtona počeli prenositi na televiziji u Australiji, Rusiji, na Filipinima i u brojnim drugim zemljama.

Tri godine kasnije, 1993., crkvu Manmin Central Church odabrao je za jednu od „50 najvećih crkava na svijetu" časopis *Kršćanski svijet* (SAD), a on je primio Počasni doktorat božanstva od fakulteta Christian Faith College, Florida, SAD, a 1996. i doktorsku titulu od teološkog sjemeništa Kingsway Theological Seminary, Iowa, SAD.

Od 1993. Dr. Lee predvodi i svjetsku misiju u mnogim prekooceanskim pokretima u Tanzaniji, Argentini, L.A.-u, Baltimore Cityju, Hawaiijima i

New York Cityju u SAD-u, Ugandi, Japanu, Pakistanu, Keniji, Filipinima, Hondurasu, Indiji, Rusiji, Njemačkoj, Peruu, Demokratskoj Republici Kongo i Izraelu. 2002. glavne kršćanske novine u Koreji prozvale su ga „svjetskim pastorom" za njegov doprinos u različitim prekooceanskim pokretima za veliko ujedinjenje.

Od travnju 2017. crkva Manmin Central Church ima kongregaciju od više od 120.000 članova. Ima 11.000 tuzemnih i inozemnih ogranaka crkve diljem planete, a dosad je više od 102 misionara poslano u 23 zemlje, uključujući i Sjedinjene Američke Države, Rusiju, Njemačku, Kanadu, Japan, Kinu, Francusku, Indiju, Keniju i mnoge druge zemlje.

Do datuma objavljivanja ove knjige Dr. Lee je napisao 108 knjiga, uključujući i bestselere *Kušanje Vječnog Života Prije Smrti, Moj Život, Moja Vjera I i II, Poruka Križa, Mjera Vjere, Raj I i II, Pakao* i *Božja Moć*. Njegova su djela prevedena na više od 76 jezika.

Njegove kršćanske kolumne objavljuju *The Hankook Ilbo, The Chosun Ilbo, The JoongAng Daily, The Dong-A Ilbo, The Munhwa Ilbo, The Seoul Shinmun, The Kyunghyang Shinmun, The Korea Economic Daily, The Korea Herald, The Shisa News,* and *The Christian Press.*

Dr. Lee je trenutačno vođa mnogih misionarskih organizacija i udruga, uključujući i funkcije predsjedavajućega u The United Holiness Church of Jesus Christ, stalnog predsjednika u The World Christianity Revival Mission Association, osnivača i predsjednika uprave u Global Christian Network (GCN), osnivača i predsjednika uprave u World Christian Doctors Network (WCDN) i osnivača i predsjednika uprave u Manmin International Seminary (MIS).

Ostale moćne knjige istog autora

Raj II

Poziv u Sveti grad Novi Jeruzalem, čijih je dvanaest vrata napravljeno od blistavih bisera, nalazi se usred prostranog raja blistajući u punom sjaju poput dragocjenih dragulja.

Poruka Križa

Moćna poruka razbuđivanja za sve ljude koji su u duhovnom snu! U ovoj ćete knjizi pronaći razlog zašto je Isus naš jedini Spasitelj i iskrenu Božju ljubav.

Pakao

Ozbiljna poruka cijelom čovječanstvu od Boga, koji ne želi da čak i jedna duša padne u dubine pakla! Otkrit ćete nikada prije objavljeni opis surove stvarnosti Hada i pakla.

Duh, Duša i Tijelo I & II

Kroz duhovno razumijevanje duha, duše, i tijela, koje su komponente ljudi, čitatelji se mogu zagledati u sebe i dobiti uvid u sam život.

Mjera Vjere

Koja je vrsta boravišta, krune i nagrada pripravljena za tebe u raju? Ova ti knjiga donosi mudrost i vodstvo kako bi izmjerio svoju vjeru i kultivirao najbolju i najzreliju vjeru.

Probudi se, Izraele

Zašto je Bog uperio pogled u Izrael od početka svijeta do današnjega dana? Koja je vrsta Njegove providnosti pripravljena za Izrael posljednjih dana, koji iščekuje Mesiju?

Moj Život, Moja Vjera I & II

Najmirisnija duhovna aroma izvučena kao ekstrakt iz života koji je procvjetao neusporedivom ljubavlju za Boga usred tamnih valova, hladnoga jarma i najdubljeg očaja.

Božja Moć

Obvezno štivo koje služi kao neophodni vodič putem kojega se može zadobiti iskrena vjera i doživjeti čudesna Božja moć.

www.ingramcontent.com/pod-product-compliance
Lightning Source LLC
LaVergne TN
LVHW101940220826
846093LV00006B/66

9791126303151